# 永田農法 おいしさの育て方

永田照喜治
撮影 岡田三男

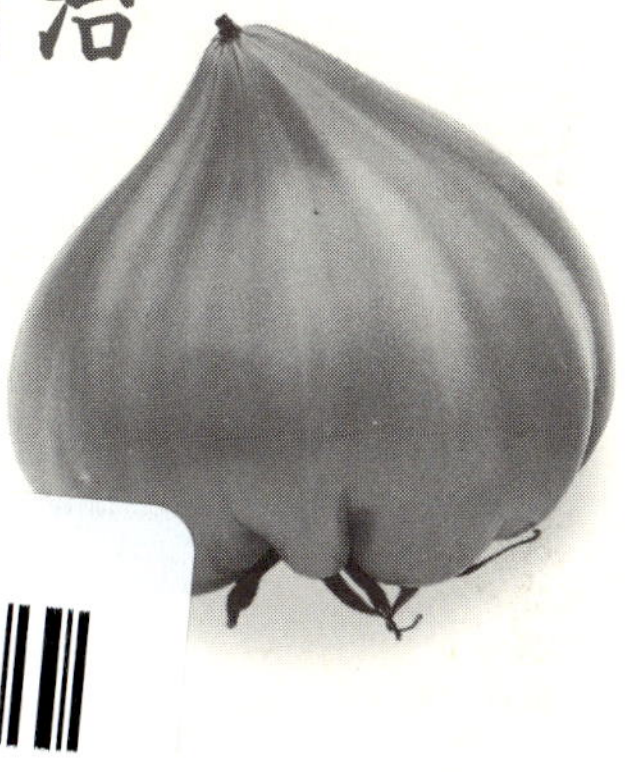

自然の森を
思い浮かべてください。
森に誰が
水や肥料をやりますか。
どこに土を耕す人がいますか。
森は何もしなくても、
ちょうどいいバランスを保ち、
瑞々しい緑を育んでいます。
私たちが食べる作物だって
じつは同じことなのです。
永田照喜治

# 目次

# 永田農法を知る

# 糖度19度のトマト

二〇〇一年五月、私が栽培指導をしている高知県池川町《いけがわ》のツボイ協業生産組合（筒井征完組合長）とハートアンドハート（株）の永野雄一社長がつくったトマトは、糖度《とうど》19度を記録しました。糖度とは、食品に含まれる糖分の割合を一〇〇分の一で示したもので、ふつうのトマトで4度から5度。私が指導している農家のトマトは6度から12度ありますが、19度というのは間違いなくギネスブックものです。

糖度が高いというと、「トマトは本来甘いものではない」などという方もいますが、それは本当に完熟した、トマト本来の味を知らないだけのことです。糖度が高くなれば、各種ビタミンやミネラルの含有量が多くなることは、国立栄養研究所による調査でも確認されています。

最高値ですが、糖度が三倍になって、ビタミンCが一気に三〇倍になった例もあります。糖度が高いということは、単に甘いだけではなく、栄養があり、健康にもよいのです。

このようなトマトができたのは、農家の方が、私が長年かけて開発してきた独自の農法を理解し、トマトづくりに努めた賜物《たまもの》です。作物は生き物です。どんなにいい苗を手に入れても、水や肥料の与え方を誤れば、作物はまともに育ちません。そしてそのような野菜や果物が、商品として大手を振って流通しているのが日本の現状なのです。

この本で私が紹介する栽培方法（以下「永田農法」とします）は、一般の農業常識とはかなりかけ離れています。そこがプロの農家にとっては、なかなか受け入れられないところのようです。ところが、この栽培方法でプロが育てた作物の栄養素は、次ページの表のように一般の作物のそれとは、かけ離れた数字になります。

とはいってもおいしさは数字だでは表せません。わかりやすく、広告のコピー風に表現すれば、こんな感じでしょうか。

「包丁で切っても、切り口が褐色にならないなす」

野菜100g中のビタミンCの比較

| 作物名 | 一般作物 | 永田農法作物（最大値） |
|---|---|---|
| ほうれん草 | 65 | 567.5 |
| コマツナ | 75 | 631.3 |
| 春菊 | 21 | 312.5 |
| 大根葉（美菜） | 70 | 546.9 |
| キャベツ | 44 | 462.5 |
| レタス | 13 | 217.1 |
| カリフラワー | 65 | 925.1 |
| ブロッコリー | 160 | 1,296.9 |
| キヌサヤエンドウ | 55 | 459.4 |
| トマト | 20 | 687.5 |
| 茶（粉末） | 60 | 856.3 |
| みかん（早生） | 35 | 453.1（小玉） |

一般作物は「三訂食品成分表」による
永田農法作物については国立栄養研究所・加賀チーム調べ

糖度の比較

| 作物名 | 一般作物 | 永田農法作物 |
|---|---|---|
| レタス | 3〜4 | 6〜12 |
| キャベツ | 3〜4 | 6〜12 |
| ブロッコリー | 3〜4 | 7〜15 |
| なす | 3 | 5〜10 |
| トマト | 3〜4 | 6〜15 |
| サヤエンドウ | 4〜5 | 6〜18 |
| 大根 | 6〜8 | 8〜15 |
| ニンジン | 6〜8 | 8〜15 |
| プリンスメロン | 11〜12 | 13〜22 |
| みかん | 10 | 12〜20 |

「蓚酸《しゅうさん》が市販の半分しかないため、生で食べられるほうれん草」

「二〇日置いても肉崩れしないトマト」

「カラスに狙われるなす」

「野犬の餌食《えじき》になるレタス」

この栽培方法は、自分で名づけたわけではないのですが、知らぬうちに「スパルタ農法」「断食《だんじき》農法」などともよばれるようになりました。最近では実践農家の数も増え、生産量も着実に増加しています。

しかしまだまだ一般の方々の食卓をにぎわすまでにはいたっていません。プロがつくるとなれば、かなり厳しい品質が要求されますし、その分、価格も高めになります。手間ひまがかかり、大量生産しにくいためこれはやむを得ないでしょう。

そこで私は「永田農法」にのっとった栽培ノウハウを、アマチュアの方を対象として公開することにしました。最近はキッチン　ガーデニングやベランダ園芸で野菜や果物を育てて楽しみ、料理に使う方が増えているようです。自分で食べる食材は、自分でつくる。この流れは今後もますます盛んになっていくでしょう。

ふつう、私たちの食卓に供される食材の多くは、収穫してから時間の経過した、いわば〈死んだ食材〉がほとんどです。そのなかでたとえ一品でも生きた食材を摂ることができれば、身体は蘇《よみがえ》ります。ぜひおいしくて、安全で、栄養価の高い野菜や果物を自分で育てて、生活と健康をエンジョイしてください。

## 農学常識の誤り

さて、肝心の「永田農法とは何か」という問いに答える前に、この農法に行き着くまでの道のりを簡単にお話ししましょう。

私が大学卒業後、故郷である九州・天草《あまくさ》の実家へ戻り、農業を継いだのは一九四八年のことでした。天草は平らな土地が少なくて、痩せた岩ばかりです。ふつうに農業をやっても、労力ばかりかかって、収穫量はなかなか増えません。もともと好奇心旺盛な私は、素人感覚、勘だよりでいろいろなことを試してみました。

この頃は、野菜やみかんなどの柑橘類《かんきつるい》を主につくっていましたが、やがて不思議なことに気がつきました。肥沃《ひよく》な土地でつくるみかんや野菜よりも、荒れた岩山でできたそれの方がずっと味がよかったのです。

そこでつるはしを手にして、岩を砕いては畑をつくっていきました。当時はまだ化学肥料も普及していませんから、肥料も下肥《しもごえ》を海水で薄めたものだけでした。このような現実は、農業の専門家が書いた専門書の内容とは一八〇度異なるものでした。私はそのギャップに大いに悩みましたが、理論よりも自分の目と舌を信用することにしました。

思えば、私が農学部の出身でなかったために、先入観をもたずに理論よりも現実を受け入れられたのでしょう。

## 三要素だけで十分

そんなある日、砂栽培の創始者として知られる九州大学の福島栄二教授と出会いました。福島教授は、砂栽培と私の石ころ栽培とが共通することなど、私の栽培方法が理論的にも正しいことを示してくれました。

そして「有機肥料を使わずに窒素《ちっそ》（N）、燐酸《りんさん》（P）、カリウム（K）の三要素からなる化学肥料の液肥《えきひ》（液状の肥料）だけで果物ができるかどうか試してほしい」というのです。当時この液肥はまだ発明されたばかりでした。

それから一〇年間、液肥を使った栽培テストを続けました。結果は大成功でした。収獲したみかんの糖度は15度から16度。液肥のみで育てたみかんは、有機肥料をすきこんだ土で栽培するよりも、三倍も早い速度で生長しました。しかも、一〇年間続けて栽培したにもかかわらず、連作障害らしきものはほとんど起こりませんでした。このとき私は、「作物の栽培には有機肥料は一切必要なく、窒素、燐酸、カリウムの三要素だけで十分だ」と確信したのです。

その後、大規模な産業的農業に取り組んだ私は、その経験をミクロの農業に生かしてみようと、兵庫県の老人大学で砂栽培による家庭園芸の指導を始めました。

砂栽培ですから、必要なものは砂と液肥だけです。土つくりも、肥料つくりもする必要がありません。生徒のなかには、農業経験者もいました。最初のうち、彼らはみないぶかしげな顔をしていました。

でも、苗が成長するにつれて、その生育のよさに驚き、作物のおいしさに感心しました。未経験の方も、栽培法の易しさと、野菜の出来のよさに感激していました。

1

# アンデスのトマト

福島教授との出会いから一〇年以上経った一九八三年の九月、私にとって二度目の大きな出会いがありました。それは『週刊文春』九月二三日号に掲載されていた一枚の写真でした。

世界各地の野菜の原産地を旅して、『野菜探検隊世界を歩く』を書いた池部誠さんが撮影したその写真には、ペルーのアンデス高地で発見されたチレンセというトマトの野生種が写っていました。華奢《きゃしゃ》な茎なのに、葉は肉厚で、がらがらの岩場に不釣合いなほど大きな黄色い花を咲かせていました。

この写真を目にしたときの驚きは、しばらく身動きができないほどでした。一般のトマトに比べて私が自分でつくったトマトが、そのチレンセトマトにずっと似ていると感じたからです。

その頃、私は自分の勘と体験から植物にとって原産地、もしくはそれに近い環境が適していると考え、それを再現しようとしてきました。この写真は、その仮説が誤りでないことを証明してくれたのです。

2

3

4

5

写真
1.トマトの野生種チレンセ
2.アンデスの段々畑（以上、池部誠氏撮影）
3.樹木のないシチリア島の山々
4.シチリア島で見つけたキャベツの原生種ブラシカ・ルペストリス
5.シチリア島モンテペルグリーノ山頂のなすの野生種

このとき二つのことがわかりました。一つは、トマトの遠い祖先の故郷がカラカラに乾燥した高山地帯の荒れ地であること。もう一つは、生育条件次第では、植物は「先祖帰り」のような現象を起こし、本来もっている生命力を蘇らせるということでした。この時点で、私の農法はほぼ確立したのです。

## 有機農法への疑問

ところで、二〇〇〇年秋、一八年ぶりに食品成分表が改定(五訂)になりました。数値がすべてではありませんが、四訂時と比べてみても、ほとんどの野菜、果物でビタミン、ミネラルの含有量が減っています。「最近の野菜はまずい」と多くの人がいう通りの現象が、数字にも示されたのです。

なぜこのような現象が起こってしまうのでしょうか。よくその犯人にされるのが、化学肥料とビニールハウスでの栽培です。

それと対照的に最近は「有機農法」が無批判にもてはやされています。有機といえば安全でよいものと信じ込んでいる人があまりに多いようです。私たちの作物についてもよく「有機栽培ですよね」と訊《たず》ねられます。「いいえ。化学肥料を使っています」と答えると、ほとんどの消費者は不思議そうな顔をします。

でも、私は、基本的に有機農法には賛成できないのです。その理由の第一は、有機肥料が作物の根を傷めてしまうためです。有機というのはご存知のように炭素(C)を含んだ物質をいいますが、無機肥料がそうであるように、植物に吸収される前に、窒素、燐酸、カリウムの三要素に分解されることに変わりはありません。つまり、植物にとって、肥料とは常にこの三要素でできた無機物なのです。

ところが、有機物は無機に分解される過程で、メタンガスを発生します。これが根を傷めるのです。

問題はそこに留まりません。有機肥料の大量使用によって世界中で重大な環境汚染が起こっています。北欧のバルト海では、陸地から流入する堆肥《たいひ》によって、海中の酸素濃度が低下し、海底の四〇%近くが死の海になってしまいました。

日本でも、お茶で有名な静岡の牧の原台地では、茶畑に油粕《あぶらかす》や魚粉をやりすぎて、井戸水が飲めなくなっています。日本一の清流といわれる高知の四万十《しまんと》川や九州・大村湾の汚染も同じです。有機とは本来、生命を有することを意味しますが、今行われている有機農業の多くは、生命を傷つけてしまっていますから、本当の意味で有機的とはいえないのではないでしょうか。

とはいっても、有機農法が全く悪いといっているわけではありません。素性の確かな堆肥を時間をかけて発酵させ、最少限度使うのならばいいのです。ただそれには、かなりの熟練と勘が必要です。ところが現状はそのレベルに達していない生産者が、有機栽培でなければ売れないからとむやみに使うことが多く、害の方が多いのです。

## 代謝異常の野菜

現行の有機栽培に比べれば、化学肥料の方がはるかに有機的だといえます。化学肥料は連作障害が起こりやすいとか、水質汚染を起こすなどと危惧されますが、私の農法では全く起こっていません。肥料の使用量が少なくてすみますから、安上がりでもあります。

有機肥料への過剰な思い込みでわかるように、日本の農業の大きな問題点は、肥料のやりすぎです。栄養をたくさん与えれば作物はそれだけ大きくなり、成長も早いと考えがちですが、濃い肥料をやればやるほど、植物は微量要素欠乏症になるようです。ですから、私の栽培法では、薄めた液肥をごく少量与えるだけです。

ハウス栽培についても、思い違いが多いようです。多くの消費者が品質の良し悪し以前に「露地物《ろじもの》はおいしい」「ハウス栽培は味が落ちる」と信じ込んでいます。

ところが、実際には、日本ではハウスを使って栽培しなければ、おいしくできない野菜や果物が多いのです。

その原因は雨量の多さにあります。日本は雨量の多いモンスーン型の気候です。トマトはアンデスの乾燥した高地が原産ですし、キャベツは地中海の冬が旬です。日本に比べれば、はるかに乾燥した気候が最適環境なのです。ですからいかに、雨から作物を守るかが大切になってきます。そのために、作物によっては雨よけのハウス栽培が欠かせません。ハウスまでは必要ない場合でも、畑は必ず高畝《たかうね》にして、マルチフィルムで畑の表面を覆い、余計な水分が入らないように心がける必要があります。

以上の話で納得いただけたかと思いますが、結論をひとことでいえば、日本の野菜がまずいのは、結局水と肥料のやりすぎなのです。

根から養分を過剰に摂取すると、やがて根は傷んで、実が熟する前に腐った状態になってしまいます。こうなると代謝《たいしゃ》ができない野菜は、苦しんで代謝異常を起こし、異常な物質を出します。なすのアクやほうれん草などのエグミがその例です。

市販のなすは切ると、アクによって切断面が褐色に変色しますが、この物質には発ガン性があります。

ほうれん草のエグミは蓚酸が原因です。この蓚酸は、尿路結石《にょうろけっせき》の原因にもなります。つまり、過保護に育てられた作物は、健康に害をおよぼす危険性があるのです。

それでは、具体的な、栽培手順についてお話ししましょう。

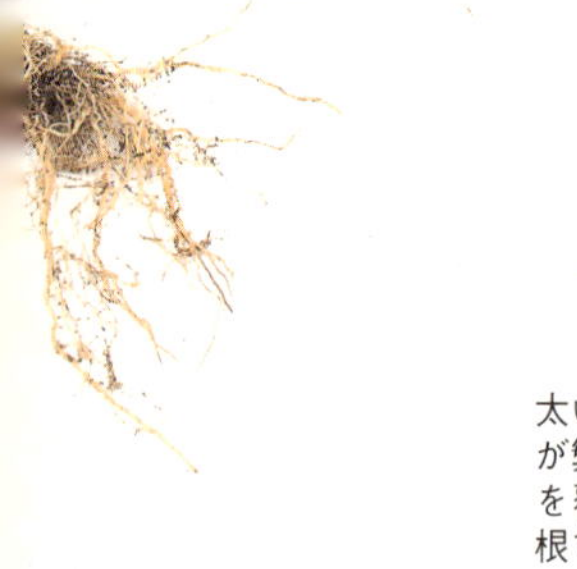

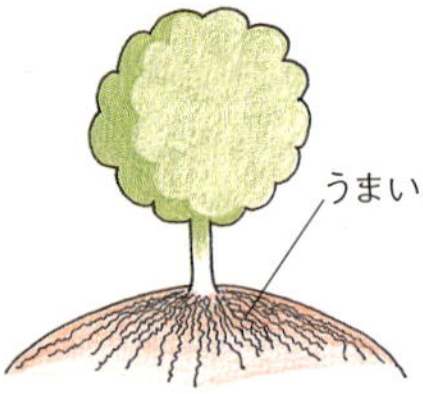


永田農法のトマトの根

太い直根はなく、細かい毛細根が繁茂し、特に、地表面の近くを覆う。＜うまい根＞とよぶ根である。

# 健康な根をつくる

おいしく、健康で安全な野菜、果物をつくるうえでもっとも重要なのは、地表近くに特殊な根(私たちはこれを〈うまい根〉とよんでいます)を発生、成長させることです。植物の生育状態の良し悪しは根に現れるのです。

根が健康であれば、病虫害にも強く、農薬などの使用も減らすことができます。

では、どうしたら、そのような根を育てることができるのでしょうか。

永田農法のトマト畑は、赤土で石ころ混じり。カラカラに乾燥している。根を掘り出してみると、毛細根が石ころを抱くように密集している。畑の上を歩くときに、ふわふわの絨毯の上のような感触があるのは、この毛細根が地中にはりめぐらされているためだ。

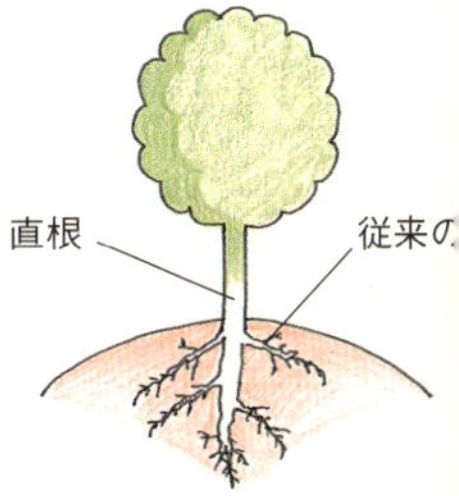


一般栽培のトマトの根

幹に相当する直根と枝根、それに毛細根からなる。肥料や水分が多いと、直根は地中深くにどんどん伸びていく。

# 肥えた土はいらない

ふつうの栽培方法では、作物にとって本来必要でない時期にも、水分や肥料が与えられるため、作物はいわば軟弱に育ちます。人間でも甘やかして育てると、ろくなことにならないように、過保護に育てた作物は健康に育ちません。

　まず土について考えてみましょう。私は長年にわたって全国を回り、みかん畑をみてきました。そこでおいしいみかんができる産地の共通点は、岩場であり、次が重粘土《じゅうねんど》であるという結果が出ました。作物をおいしくつくるのに、肥えた土は必要ありません。痩せた土こそが望ましいのです。

　いちばん良いのは、ガラガラの石が混じった粘土。この土を高畝に盛り、板や重機などを使って固めてしまいます。昔は、こんなことをすれば、周りの農家から心配されたものです。しかし、こうすることによって、水はけがよく、畝の上に雑菌《ざっきん》が繁殖する危険性も少ない原産地に近い環境がつくれるのです。

　たとえば、沖縄本島の北部、山原《やんばる》地区は国頭真地《くにがみまーち》とよばれる赤い重粘土で、不毛の地とされていました。「ハゲ山原《やんばる》」などといわれ、雨が降ればどろどろになり、晴れれば硬く固まってしまいます。しかもpH3.8という強酸性です。世界でいちばん痩せた土地といわれていましたが、いまやこの地からは、高級トマトが収獲されています。

　畝を高くつくったら、必ずマルチフィルムで覆ってください。この目的の一つは根を保護することにありますが、より重要なのは、こうすることによって、根に毛細管《もうさいかん》現象が起こり、地下の水分が吸い上げられる結果、地表面に少量の水分が蓄え

石がたくさん混じったみかん畑

られるところにあります。

　こうしてできた高畝マルチの畑に苗を定植《ていしょく》するわけですが、定植後しばらくは水も肥料も与えません。まさに断食の状態にするわけです。痩せ地でこのような断食状態になると、作物の根は生きるために必死になって活動します。

## 〈うまい根〉をつくる

　やがて、作物はしおれてきます。そのまま放置すればもちろん枯れてしまいます。枯らさぬよう、しおれ始めた段階で薄めた液肥をごく少量与えます。その量は作物の種類によって異なります。

パイナップルも石ころだらけの土で育つ

　わずかな液肥を求めて、植物は必死に根を伸ばし広げます。それも深く地下へと伸ばすのではなく、地表面へ向かって横へ横へと伸ばします。太い直根《ちょっこん》は出ず、細かい毛細根《もうさいこん》が増え、さらにギリギリの乾燥状態になると、地表面に真っ白な繊毛がカビのように生えてきます。これが〈うまい根〉です。

　この根が出てくれば、野菜にはぐんと甘みがのります。マルチフィルムをしていないと、この根は保てません。要は、液肥の量が適量ならば、作物は急成長し、ビタミンやミネラル含有量の多い、おいしくて、栄養たっぷりの作物になるのです。

　地表はカラカラに乾いていても、このように根が活発ならば、間違いありません。乾燥状態をうまくコントロールできれば、茎や葉、実の表面に産毛《うぶげ》の生えた、アンデスの原生種に先祖帰りしたような力強いトマトが蘇ります。

おいしく
食べる

# 今井克宏さんに教わるおいしい野菜の生かし方

今井克宏さん

●プロフィール
1939年東京生まれ。浅草でコック見習いとなり、63年全日本司厨士協会より、青年欧州派遣司厨士として渡欧。ポールボキューズの店などで5年間修業。72年に第13回世界料理大会優勝。78年、浜松にビストロ・トック・ブランシュ開店。93年、静岡県森町に移り住み、「フランス料理今井」開店。翌年「三鞍の山荘」をオープンする。

フランス料理界のリーダー的存在である今井克宏さんは、「素材の味を見極める」鋭い感性の持ち主。二〇年ほど前、あるパーティーで知りあい、浜松の彼の料理店に、私の野菜を持参したのが知己を得るきっかけでした。彼は野菜の個性を理解し、それを生かした料理を次々に生み出して食通の間で評判となりました。

数年前、彼は、その遠来の客が絶えなかった浜松の店を閉じ、静岡県森町の山里に「フランス料理今井」をオープン。一日一組限定の店です。さらに、オーベルジュともいうべき山荘を開き、今井流料理のスタイルを追求しています。

それは「田園の中で、雑事から開放され、料理を楽しむ時間を提供する」というスタイルです。

その今井シェフに、野菜が生きる食卓の提案をお願いしました。

## 永田農法の野菜には欠点がある

「永田さんの野菜には欠点がある」と今井シェフはいいます。

素材を知らない者、素材を知ろうとしない者が料理をすると失敗をする、というのです。永田農法の野菜には独特の個性があり、それを無視すると、ふつう以下の料理になってしまう、と。確かに、油をはじく、甘みが強い、火の通りが早い、溶けやすいなど、一般栽培の野菜と違う点がいろいろあります。

たとえば、かぶ。これが甘く、溶けやすいのです。だから、他の素材と煮込むときは最初にさっと煮たら取り出し、最後に再び加えるようにします。かぶの甘さを考えて、加えるトマトや調味料を加減する必要もあります。ふつうの野菜と同じように扱うと、味のバランスが崩れてしまうのです。

「だから、料理をする前に目をつぶって素材をかじってみる。にんじん、ほうれん草、なす……。それで何も感じないなら、無理に永田農法の野菜を使うことはないですよ」とまでシェフはいいます。

## 粉吹き「なす」は塩だけで食す

今井シェフは特に「なす」にうるさいのです。一九七二年の世界料理大会でゴールドメダルを獲得したときに作ったのもなす料理でした。

その彼が「これはすごい」といってくれるなすがあります。包丁で切って、そのまま一日置いても、断面が全く褐色に変わらないどころか、表面が盛り上がり、キラキラと光る粉を吹いてきます。

「そういうのは、まず、生で食べてみること」と今井シェフ。

「生で食べることにためらうなら、へたをつけたまま四つに切り分け、

表面に塩をパラパラと振って、四～五分待つ。キュッと絞ってそのまま食べてください」

「味噌汁にもいい。油で炒《いた》めたりせず、さっと入れて香りを楽しむべきなのです。さらに永田農法のなすの個性が際だつのは、炒めるときです。油を吸わないので油の量はふつうの三分の一程度に抑える必要があります」

　油を吸わないのは料理人にはありがたいことだといいます。その分、ワインやトマトといった他の素材の味が染み込んで、複雑な美味を醸《かも》すようになるからです。

## ほうれん草サラダは食卓で仕上げ、すぐに食べる

「永田農法のほうれん草はサラダで」という今井シェフの意見に私も全く同感です。しかし、それにはルールがあります。

まず、「全員が食卓についてから作り始めること」。

　さらに「洗ったほうれん草の水気を取り、バージンオリーブオイルをたらす。そこに塩をパラリと振り、スライスアーモンドを散らす。最後にビネガーを振り、サッといただく」というものです。

　一般栽培のほうれん草は蓚酸《しゅうさん》が多いので、生で食べるとエグミがあってまずく、身体にも有害です。しかし、永田農法のほうれん草は蓚酸が少なくて、苦味もエグミもなく、香りが高くなります。

「そして皿に盛ったとき、葉っぱが立つほど勢いがいい。このさわやかさを味わうには、ドレッシングで和えてクタッとさせてはいけません」

　サラダの次に今井シェフが勧めるのは、魚料理の下にほうれん草を敷くというもの。エグミのあるほうれん草は、魚料理の味を損ないますが、甘いほうれん草は料理の味をさらに引き立ててくれます。

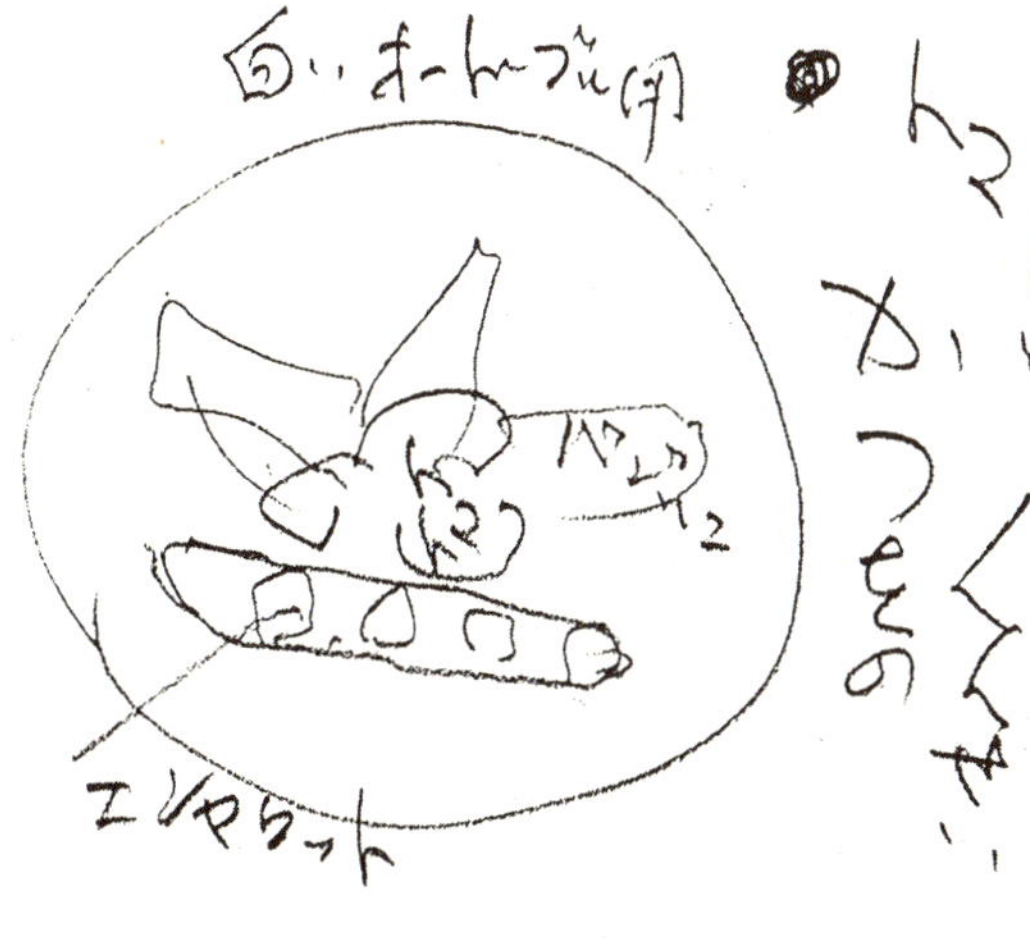

佐かつおの燻製と
マトのサラダ

形に切ったトマト
バジルの上に盛り
ける(トマトは皮を
いて小さく切っても
い)。かつおの燻製
上にエシャロットを
せる。

*トマトのサラダ*

トマトをくし形に切って、バジルの葉を敷きつめた上にのせる。オリーブオイル、ワインビネガーを振り、スライスした玉ねぎを置く。エシャロットのみじん切りをのせてもよい。

*モロヘイヤスープ*

にんじん、かぼちゃ、大根、しいたけ、玉ねぎ、白菜、キャベツを1cmくらいの大きさに切り、オリーブオイル、カレー粉を加え、チキンスープで煮る。仕上げにペースト状にしたモロヘイヤを加え、とろみのあるスープに仕上げる。

# おいしすぎるトマトの個性をどう生かすか

今井シェフの手元に高知県の生産者たちのファーストトマトを届けたことがありました。驚くほど高い糖度《とうど》をもつ小ぶりのトマトですが、皮が固いのです。

今井シェフは、トマトの皮をむき、賽《さい》の目に刻むと、"土佐かつおのサラダ・トマトカクテル添え"という料理に仕立てました。

「皮の内側がいちばんおいしいことはわかっています。でも、ナイフとフォークで食べていただく料理では食感が大切。舌ざわりもおいしさの大切な要素ですから」

もし大ぶりにザクザク切って出すのなら、皮をむく必要はありません。サラダにするときには、ほうれん草同様、ドレッシングなどで味を殺さず、トマト自身のもつ酸味と甘みが他の野菜にからまるようにすればいいのです。

「僕は作らないけれど、(クイーンアリスの)石鍋裕さんや(料理の鉄人で有名な)坂井宏行さんがトマトのスフレやムースを作っているでしょう。あれは、味が濃厚なトマトの個性を生かした料理だと思う」

# キャベツで本格的ザワークラウトを作る

ドイツの代表的な料理に、キャベツを塩漬《しおづ》けにして発酵させたザワークラウトがあります。欧州で料理修業をしてきた今井シェフは、これを日本で作ろうとして、失敗したことがあるといいます。塩漬けにして二か月もたたないうちに、漬け汁が濁り、真っ黒なカビが生えたのです。

そこで、今度は永田農法のキャベツで同じことを試みました。すると不思議なことに、漬け汁も濁らず、うまい具合に白カビが生え、

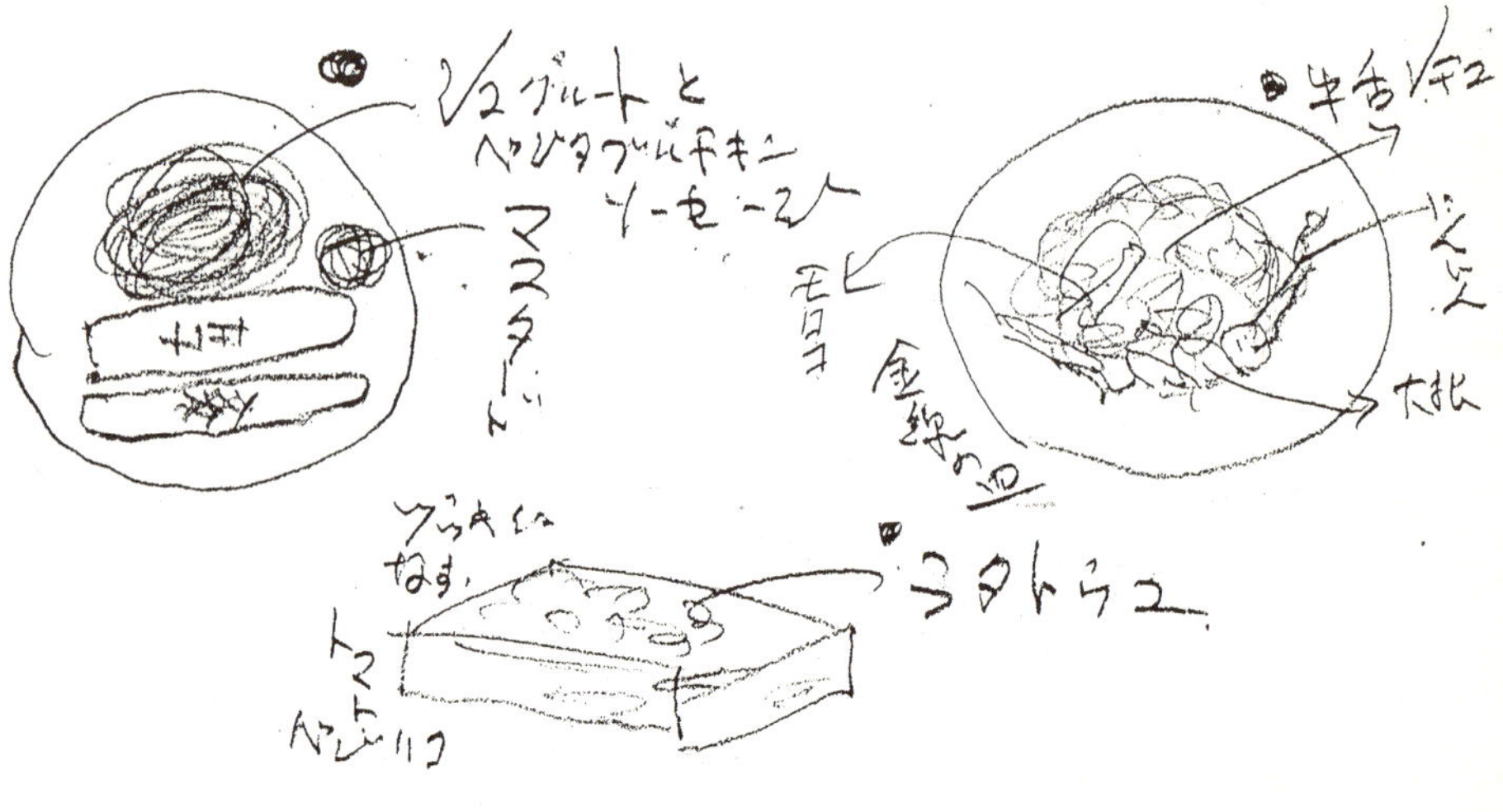

酸味も香りも高い、ザワークラウトができたのです。

　どうしてこんなことができるのでしょうか。「永田農法の野菜は栄養が凝縮されているからだとも考えられるし、糖分がほどよくあって、その糖だけで発酵が進み、一般のキャベツのように腐ったりしないからではないか」と今井シェフは推理しています。おそらく、そうだろうと私も思います。

## 溶けるなら、溶かしてしまう

　さて、ザワークラウトもできるキャベツは、火の通りがすこぶる早いのです。

「最初はそれに気づかず失敗しました。ゆでるときは、沸騰《ふっとう》した湯にキャベツの葉を入れ、一、二、三、で引き上げます」

「でもね、いっそ溶けるほど、くたくたに煮込んでしまってもいいのです」

　そう。美しい形を残すより、その方がいい料理もあります。

　たとえば溶けやすいじゃがいもは、スライスしてそのまま、牛乳で煮込んでしまいます。そこに少しにんにくの風味をつけ、ナツメグと塩、胡椒《こしょう》で味を調えれば、じゃがいものグラタンになります。

　素材がいいから、このシンプルさが生きるのです。

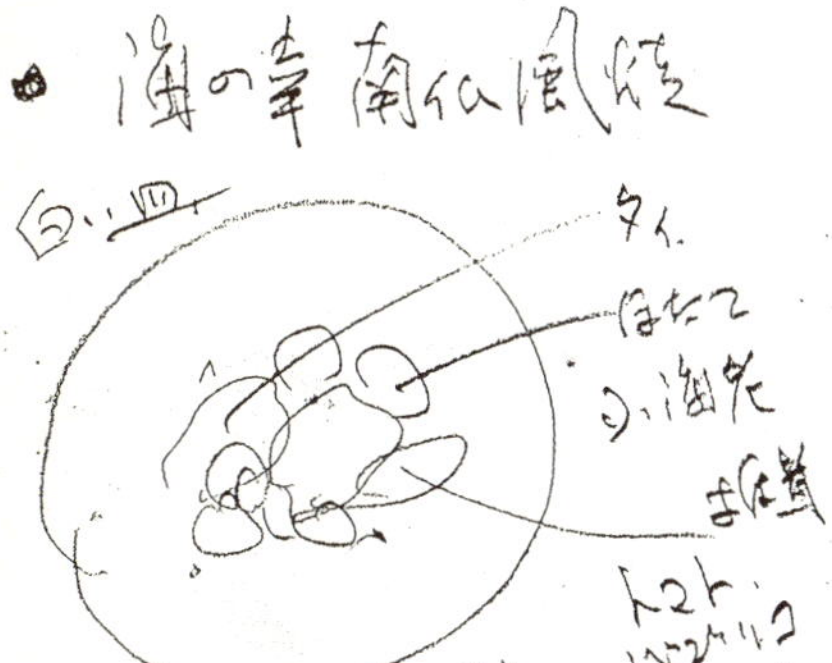

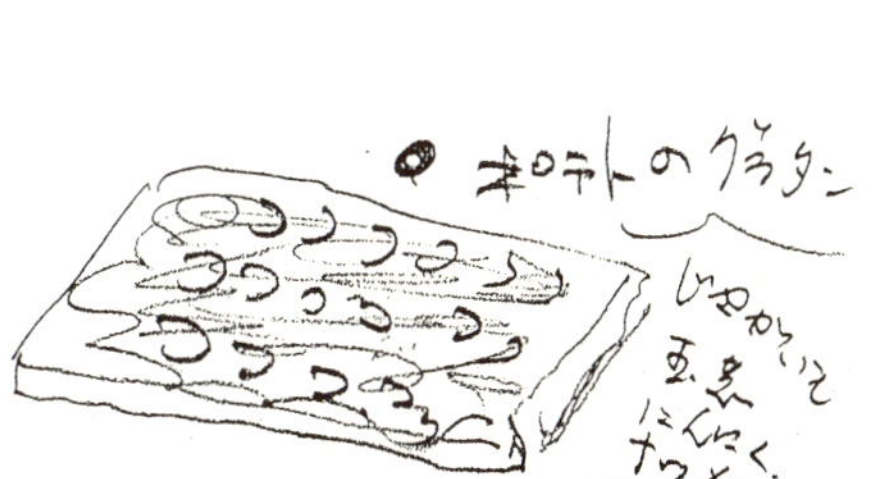

**1.ラタトウイユ**

ズッキーニ、なす、トマトを2～3mmの厚さに切り、バジルを加えて、耐熱容器にならべる。オリーブオイルを振り、スパイスをたっぷりきかせて、オーブンで焼く。

**2.牛舌のシチュー**

赤ワインに漬け込んだ牛舌をソースの中で3時間煮込む。薄切りにして再び赤ワインで蒸し、温野菜を添える。

**3.シュクルートとソーセージ**

温めたシュクルート（ザワークラウト）を盛りつけ、80度の湯の中で5分ボイルしたソーセージをのせて、マスタードを添える。

**4.ポテトのグラタン**

じゃがいもを薄切りにして牛乳を加え、にんにくのみじん切り、玉ねぎの薄切り、ナツメグ、塩、胡椒を加えてやわらかくなるまで煮る。グラタン皿に入れ、粉チーズを振って、オーブンで焼く。

**5.海の幸の南仏風焼**

白身の魚と貝類をバターで焼く。フライパンにオリーブオイルを入れ、にんにくを炒め、細かく切ったトマト、バジルを加えて味を調えて、魚介にかける。

**6.大豆のクレープ巻き**

大豆フレークに牛乳、卵、小麦粉を加えて溶き、フライパンでクレープを焼く。トレビス、きゅうり、バジル、チキンの燻製、かつおの燻製をマヨネーズで和え、アンデイブにする。

5

3

6

4

# どれぐらい素材の味を知っていますか

若い頃、フランス・イタリアなど五か国のレストランで修業を積んできた今井シェフは、野菜など、日本とヨーロッパの食材の違いを熟知しています。ですから、「日本ではフランスと同じ料理は作れない。作ってもおいしくない」といいます。

まず、食材ありきなのです。

その食材の顔をみて、味をみてからレシピを考えるので、同じ素材が手に入らなければ、そのレシピは使わないという料理がたくさんあります。レモンを使わないアップルパイ、緑色の皮を表面いっぱいに散らしたパンプキンパイ、生とうもろこしの前菜などなど。

今井シェフは若い料理人に、「味を創れる料理人になれ」と指導するといいます。料理人になるのはむずかしいことではありません。でも、味を創れる料理人になるのは大変です。「そのためには素材を知れ」と話すのだそうです。

今回紹介してくれた料理はどれもシンプルですが、そこには鋭いセンスや計算がきちんと盛り込まれています。それを、家庭で同じように作れとは今井シェフはいいません。参考にしつつ、それぞれの家庭が味を作り出せばいいのです。

それは、まず「目をつぶって野菜をかじってみる」ことから始まります。何かを感じたら、そこに料理のヒントがあります。「そうだ、このまま塩だけで食べよう」と思ったなら、それでいいのです。

スモークハウスでできたての燻製の味を確かめる。

# 実を食べる

トマト
なす
ピーマン
きゅうり
かぼちゃ
オクラ
いんげん
そらまめ
ミニトマト
いちご

# トマト

九種類発見されているトマトの野生種のうち、八種類は南米のアンデス山地西側の乾燥地に自生している。トマトの遠い祖先はもともと標高二〇〇〇メートル級の乾燥した荒れ地に育つ高山植物だったのだ。永田農法によるトマト栽培は、その原生地の厳しい自然環境を再現している。

永田農法のトマトは、小粒だがずしりと重い。果肉が緻密で味が濃い。試しに水に浮かべてみると、そのおいしさがはっきりと目に見える。

## 野菜はここまでおいしくなる！

トマトは永田農法を代表する野菜です。一流の料亭が、何も調理せずに料理の一品として出したり、コミックの『美味《おい》しんぼ』等でも紹介されて、永田農法の名前を有名にしました。

　このトマトはいろいろな常識をくつがえしてきました。

　たとえば、「トマトといえば夏が旬！」という常識。「最近の店頭には季節に関係なく、一年中、味も香りも乏しい野菜がならんでいる」という嘆きのことばも、いまや常識の一つかもしれません。

　しかし、永田農法のハウストマトには二月がいちばんうまいモノもあれば、四月に甘みが最高になるモノ

もあります。南北に細長い日本では、生産地によって、旬の時期がずれてきます。栽培地の高度によっても、旬は異なります。「トマトは夏」という古い常識より「栽培地やその方法によって旬は違う」という方が、理にかなっているのです。

地球温暖化の影響で、夏の平均気温が高くなっている最近は、夏においしいトマトがつくれるのは、北海道ぐらいになりつつあります。

## 見ばえや収穫量よりも おいしさを追及

永田農法でつくるトマトは、糖《とう》度《ど》が高くなります。

ふつうは糖度4～5度程度ですが、永田農法では6度から、12～13度にもなります。二〇〇一年の五月には、高知県の池川《いけがわ》町で、19度のトマトができました。

糖度の高さもさることながら、生産者が作物の糖度をチェックすること自体が、これまでの常識にはないことでした。野菜づくりが、収穫量や見ばえのよさ、あるいは安全性ばかりを追求してきた点を考えると、糖度を一つの指標にして「もっとおいしい野菜を」という姿勢が生産者に生まれたことの意味は大きいのです。

一般栽培のトマト

## 小粒の果肉に 凝縮された生命力

それでは永田農法でつくるとトマトはどうなるのでしょうか。たとえばファーストトマトの場合、一目でそれとわかる特徴がいくつもあります。

永田農法のトマト

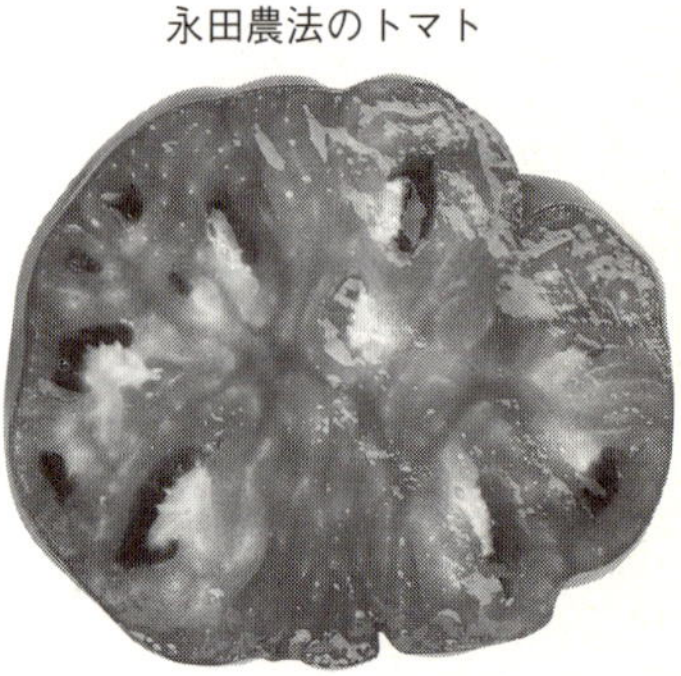

まず、色。トマトは真っ赤に限る、というのは思い込みです。オレンジ色がかっていても、おいしいものはおいしいのです。光にかざすと、表面をびっしりと覆う産毛《うぶげ》が黄金色に輝きます。

形もやさしくありません。内側から実を膨《ふく》らませようとする生命力と、表面を覆う皮が葛藤して、ごつごつの実になったといえばいいのでしょうか。尖った先端に向かって、ねじれ、渦巻く形は、見れば見るほど猛々しいのです。

永田農法のトマトは小粒です。そのくせ果肉《かにく》が緻密《ちみつ》なので、ずしりと重く、ほとんどが水に沈みます。皮はとても固く、その皮と実の間の部分がいちばん味が深いのです。

中身はどうでしょうか。一般栽培のトマトと比べると、まず、心室の数が圧倒的に多いことに気づかれるでしょう。空洞果《くうどうか》は少なく、種を包んでいるゼリー状の部分はプルプルとしっかりしていて、流れ出てきません。

栄養的にも際だっています。ビタミンCやカルシウムはふつうのトマトの数倍にもなります。

そのうえ香りが違います。特にへたの部分はなんともよい香りがして、この香りだけで、すぐれた生産者は糖度がわかります。ミントのように鼻にすっと通るような香りなら、糖度は7度以上のはずです。わき芽をつぶしたときに指に残る香りもすばらしく、私はこの香水をつくりたいと考えています。

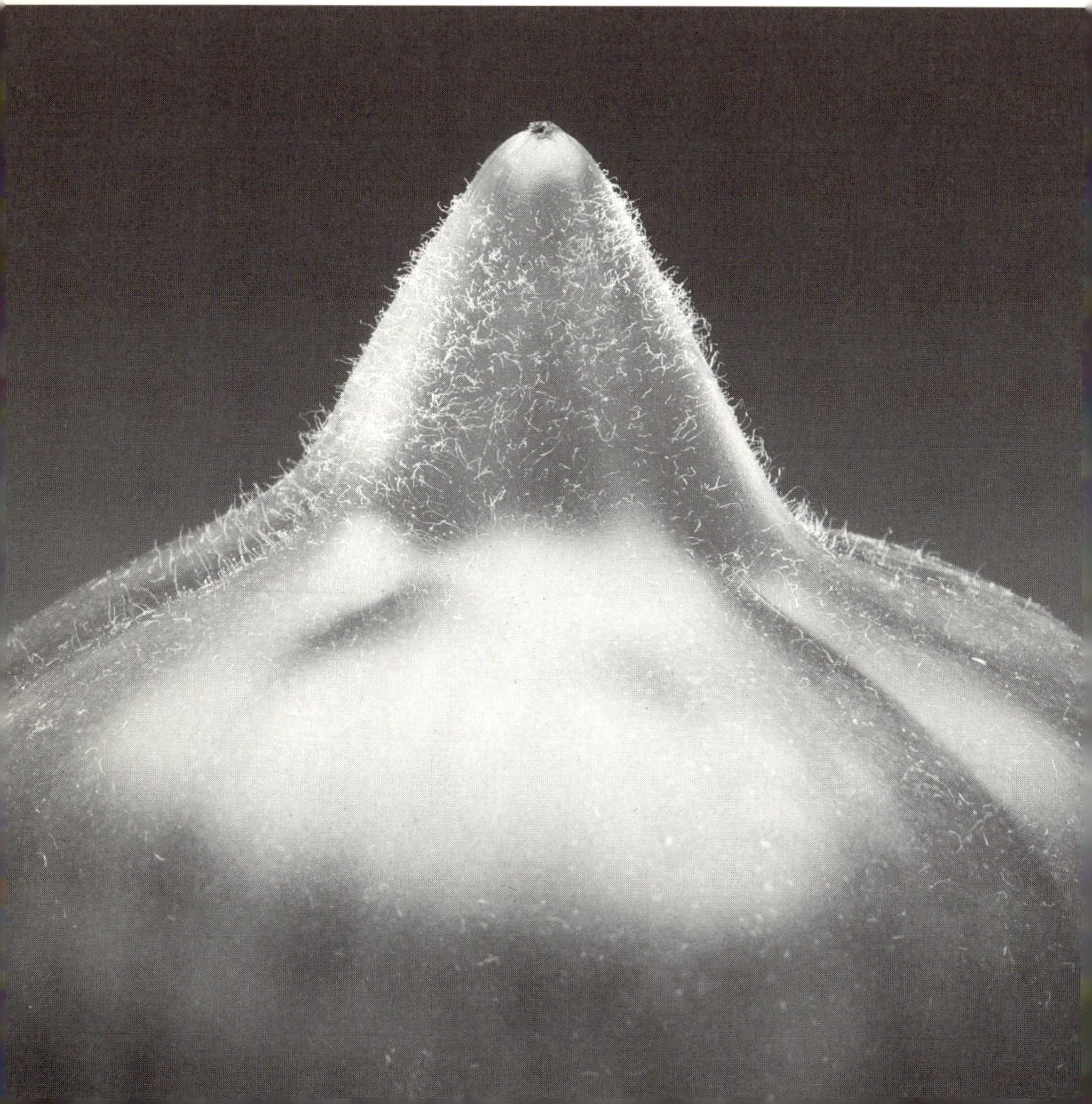

# 痩せた土地で、厳しく育てる

このトマトはどのようにつくられているのでしょうか。

宮崎県の日向《ひゅうが》市に奈須安雄さん（写真左）というトマト名人がいます。彼が最初にしたのは、手塩にかけてきた先祖伝来の畑の土をそっくり他の人に譲り、山からトラックで赤土を運んでくることでした。

周囲からは「頭がどうかしたのか」と疑われるほどだったといいます。

私はしばしば「土はつくってはいけません。痩せた土がいいのです」といってきました。堆肥《たいひ》だろうと、化学肥料だろうと、肥えた土は禁物です。

それどころか、ごつごつと痩せ細った礫《れき》ばかりの岩山を栽培地に再現しています。

肥えた土は不要ですが、その一方、風と太陽の光はたっぷり必要です。農薬を使わなくてもよい環境で作物を栽培するためには、涼しい風が農園を吹き抜けることが、重要になります。

さらに重要なのは、どうやって余分な水を防ぐかという問題です。プロの生産者のトマト栽培は一〇〇%ハウスで行われます。理由は雨水を防ぎ、乾燥状態を保つためです。

# 永田農法の秘密は根っこにある

奈須安雄さんの畑の様子をお伝えしましょう。農園の収穫のピークは四月。青々とした葉がうっそうと茂る畑を思い描いていると、その想像は裏切られるでしょう。

永田農法のトマトの葉は小さく、チリチリと乾いて黄緑がかっています。茎も細いのですが、よくよく見回せば、葉も茎も黄金色の産毛で覆われて、野生のトマトのように荒々しいのです。

土の上にはところどころに雑草が生えています。永田農法では除草《じょそう》剤《ざい》は絶対に使いません。雑草は手で刈るか、あるいは作物と共存させればいいのです。

永田農法の最大の秘密は、その土の下に隠されています。

何度もいうようですが、大切なのは根っこなのです。

試しに畝《うね》の上に乗ってみると、固い土のはずなのに、適度の弾力が伝わってきます。地表近くの土をトマトの根がびっしりと覆っているからです。永田農法で栽培したトマトには直根《ちょっこん》がありません。地中深く真っ直ぐに伸びて、栄養や水分をたっぷり吸収してくる根っこがないのです。

その代わり、細かい毛細血管《もうさいけっかん》のような根が繁茂します。14〜17ページで紹介した〈うまい根〉です。

水をたっぷり与えれば直根がどんどん伸びて作物は大きくなりますが、味は落ちます。除草剤を撒《ま》けば〈うまい根〉が傷み、たちまち消えてしまいます。もう作物はおいしくなれません。

つまるところ、この根を育てることが永田農法の基本なのです。

## トマト栽培のポイント

### 1 畑づくり

土はなるべく痩せている方がよく、石灰も特別な強酸性土以外は必要ない。畑は排水をよくするため、高畝にし、畝を上げ、その上にマルチフィルムをはる。これは根を保護し、土中から毛細管現象によって、適度な水分を地表に引き上げるためである。

### 2 育苗と定植

育苗の段階から「たくましさ」を育てる。発芽直後から水切りをよくして、約1か月間、極端な少水少肥料栽培をする。家庭菜園では、苗を購入して、4月～5月に植えるのがよい。定植の前日に、液肥を水で薄め、たっぷりまいておく。定植は、畝幅1mなら1列、株間を40～50cm取る。とりあえず仮支柱を立てておき、のちに1m以上の本支柱を立てる。

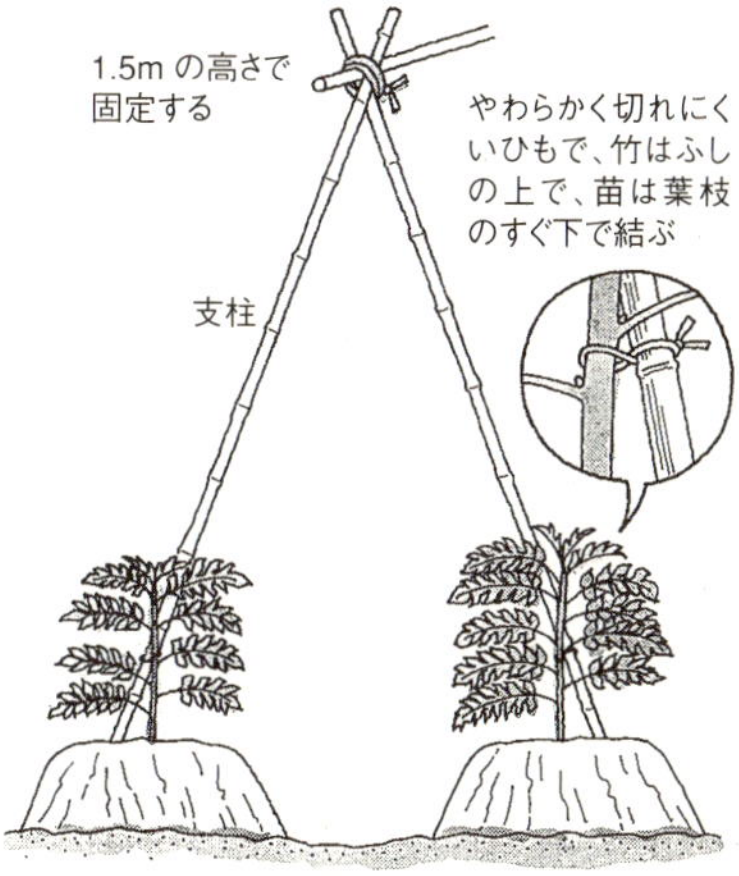
1.5mの高さで
固定する
やわらかく切れにくいひもで、竹はふしの上で、苗は葉枝のすぐ下で結ぶ
支柱

### 3 水と肥料

元肥は必要ない。既存の畑を使うときは、肥沃すぎるので、しばらくは無肥料栽培を続ける。肥料は液肥を水で薄めて用いるが、その量は一般の10分の1程度でよい。水についてはもっと極端で、定植後1か月は水をやらず、育成期間を通じて、100分の1くらいの少量灌水にする。トマトが空気中の水分を吸収するので、ほとんど水をやる必要がない。水で薄めた液肥を散布する程度で十分な場合が多い。

### 4 手入れ

葉のつけ根からどんどんわき芽が出てくるが、これは手で摘み取り、側枝を伸ばさないようにして、一本仕立てにしていく。

### 5 摘果と収穫

花房はそれぞれに7～10個の花をつけるが、すべてを成長させず、粒のそろったものを4～5個残して摘み取る。トマトが完熟してよい香りを放つようになったら、収穫する。このときも、摘芽のときと同様に、ハサミを使わず、節状の部分に親指を当て、軽く上に起こすようにする。

# なす

インドに多くの変異種があることから、原生地はインドのデカン高原であると見なされている。日本ではナス科の一年生として栽培されているが、熱帯地方のなすは多年生。果実はふつう黒紫色で果肉が白いが、最近は表面も白い熱帯産のなすも出てきている。

永田農法のなす

30分経過しても、切り口が白いまま。表面が盛り上がり粉を吹いてくる。アクぬきせずに、そのまま食べられる。

一般栽培のなす

切り口が徐々に変色していくのは、褐変物質が多いから。こういったなすは、水にさらしてアクぬきをしてから料理する。

## 水にさらさなくて、いいのです。

「なすは地力でつくる」ということばがあります。肥料を大量に与えて育てろという意味ですが、その通りにすると立派な「ボケなす」ができます。

なりは大きいのですが味は素っ気なく、歯触りもふわふわ。包丁を入れるとたちまち切り口が褐色に変色してしまいます。

だから「なすは水にさらしてアクを取る」ことが料理の常識になっています。

しかし、永田農法で栽培したなすはその必要はありません。

それどころか、生でかじっても渋味がないので、サラダとして食べられます。

鋭いトゲは野性に戻った証拠

少肥少灌水栽培することで、アク＝褐変《かっぺん》物質の生成が抑えられるからです。

「傑作」ともなると、皮ごと丸かじりできて、サクサクと弾力ある歯触りが楽しめるばかりか、りんごにも似たさわやかな香りさえします。糖度《とうど》は6～7度あって、甘く、切り分けて三〇分経過しても、褐変しません。それどころか、切り口がふっくらと盛り上がってキラキラ光る粉を吹きます。こんななすが本当に存在するのです。

## ゆっくりじっくり太らせる

そんな嘘《うそ》のような、なすをつくる生産者の一人が、静岡県藤枝《ふじえだ》市の村松祥恵さん。しかし、その名人が出荷をためらう時期があります。それは暑すぎる夏。理由はいうまでもなく、味が落ちるからです。

一方、熊本県天水《てんすい》町のなす名人・田中浩幸さんは、「うちの旬は一一月から。寒い方がうまいのができる」といい切ります。加湿ハウスを使っているからこそですが、どちらにしても、なすがうまさを増すには適度な涼しさが必要なのです。

田中さんのことばを借りれば「なすは、ゆっくりゆっくり太るのがうまかです」。水や肥料を減らすのも、ぎりぎりの低温もこの「ゆっくり太る」助けになります。

急に太るのは単なる水ぶくれ。うまさが深まることはありません。

実は、なすの原生地もトマト同様、乾燥した高地です。私も、イタリアのシチリア島のカラカラに乾燥した岩場で、野生のなすを見つけたことがあります。

## 個性的だけに料理にコツあり

永田農法のなすを料理するには少しばかりコツが必要です。火の通りが非常に早いが、油を吸いにくく、ほんの少しの油で炒《いた》められるので、

野菜の味を生かして、さっぱりした味に仕上げられます。
　また、火の通りが早いのに、形が崩れにくく、いつまでも弾力性があります。だから、煮込み料理にすると味ばかりか、見た目も美しく仕上がります。

## なす栽培のポイント

**1 畑づくり**
露地栽培でもハウスでも、土は肥やさず、高畝をつくり、表土を固める。その上にマルチフィルムをはり、土で覆う。

**2 水と肥料**
元肥は必要ない。長期間にわたって連続して収穫するので、タイミングをみて水で薄めた液肥をまく。

**3 育苗と定植**
種まきから収穫まで100日近くかかる。そのため、4月〜5月に売りに出される苗を購入して定植するのが一般的だが、最初から少肥少灌水で小苗を育てると、その後の健康度が違い、虫などもつきにくくなる。購入する場合は、茎が太く、節間が短いものを選ぶ。晩霜が降りるおそれがなくなった時期に、株間を50cm取り、定植していく。

**4 三本仕立て**
ほとんどは、下から8葉目と9葉目の間に一番花が咲き、そこから2葉おきに着花する。この習性を利用して、わき芽を摘み、主枝と一番花の側枝を2本残して三本仕立てにすると、着実に着花する。支柱もこの頃に立てる。

**5 収穫と整枝**
永田農法では1花房にいくつもの実がつく。また、収穫をしながら、同時に整枝することによって長く2m近くなるまで収穫を続けることができる。ハサミをへた上に入れたら、一つ前の分枝に戻り、わき枝を落とすと、その下から新芽が出る。

# ピーマン

ナス科トウガラシ属の一年生草本。原生地は中南米の熱帯だという説がある。「高温多湿と肥えた土が大好きな野菜」だと考えられているが、そんな間違った常識が、ピーマン嫌いの子どもを生んでいる。

## 「ピーマン大キライ！」でも子どもは悪くない。

ピーマンが嫌いという子どもは少なくありません。なんとか偏食をなくそうと、親たちは心をくだきます。しかし、悪いのは子どもではありません。まずいから食べない、これは当たり前のことだと私は思います。

多くのピーマンには独特の青臭さや、いやな苦味があります。子どもがこの味を嫌うのは、それだけ感性が鋭いということなのです。

しかし、永田農法でつくるピーマンは甘みがあり、よい香りを放ちます。だから子どもも喜んでこれを食べるのです。四〇年間、ピーマンを見るのも怖かったという大人が、自分でも「なぜ？」と思いながらパクパクと食べたり、「おいしいので毎朝、生ピーマンを刻んでヨーグルトに混ぜて食べています」という人も現れたりします。

## 緑は未熟 完熟すると赤くなる

ピーマンはナス科トウガラシ属のなかで、辛みのない甘み種を指します。英語では「スウィートペッパー」「ベルペッパー」といい、戦前は日本でも「甘とうがらし」とよんでいました。ちなみに「ピーマン」というのは、フランス語名「ピメント」に由来する和製造語。

　ご存知の通り、緑のピーマンは未熟果。品種によって未熟果の状態も緑~黄の濃淡があり、完熟すると橙《だいだい》~赤、あるいは紫~黒になります。最近、よく見かける赤や黄色の大きな「パプリカ」は、ピーマンの成熟果です。一九九三年にオランダからの輸入が解禁になり、当初は「ジャンボカラーピーマン」の名で売られていましたが、その後、「パプリカ」と名前が改められました。最近は、この大型種を栽培する日本の農家も現れています。

おもしろい野菜だと思います。ヨーロッパ旅行の際、メインディッシュとしてパプリカを出され、驚いたことがありました。しかし、目に華やかなうえに、肉厚で甘みがあり、ジューシーなパプリカのソテーは、メインデッシュとして十分な満足を与えてくれる料理食材でした。

## 生まれは熱帯ジャングルだから 高温多湿好みだが

原生地は、トマトと同様、中南米ですが、トマトが標高二〇〇〇メートルもの高原の乾燥地帯なのに比べ、こちらは湿度の高い熱帯地帯。アマゾンの湿地帯との説もあります。

　そのため、トマトやなす、きゅうりより高い温度を好み、日光を好み、肥えた土を好み、そして乾燥を嫌う野菜だと思われています。実際に、一般栽培のハウスを訪ねると、ハウスの中は、高温と肌にべたつくような湿度が保たれていて、葉が生い茂るジャングルと化しています。たっぷり水を与えられた畑の土はやわらかく、ぬかるみさえできています。こうした環境では、虫や病気も発生しやすく、いきおい、農薬を使う率も高くなるのです。

　そして、ピーマンはまずくなり、子どもが嫌う臭さや苦味がピーマンに蓄積するのも当然なのです。

一方、永田農法では、高温多湿性のピーマンであっても、その栽培の基本は変わりません。やはり、肥料も、水も、農薬も極力やらないのです。

たとえば、永田農法のベテランである北海道余市《よいち》町の中野勇さんの農園がそうです（写真）。適度な湿度が保たれ、高畝《たかうね》マルチの畑の土はコチコチに乾燥して、葉の間を涼やかな風が通り抜けていきます。中野さんは農薬を滅多《めった》に使いません。使わなくてもいい環境づくりを心がけているからです。

## ピーマン栽培のポイント

**1 畑づくり**
露地栽培でもハウスでも、土は肥やさず、高畝をつくり、表土を固める。その上にマルチフィルムをはり、土で覆う。

**2 水と肥料**
長期間にわたって連続して収穫するので、タイミングをみて水で薄めた液肥をまく。

**3 育苗と定植**
種は畑に直まきするか、鉢にまいてから畑に定植する。定植時の温度が低いと以後の生育も悪くなるので、定植は風のない暖かい日中に行う。露地栽培ではトマトやなすなどの定植が終わって一息ついた頃が目安。

**4 収穫と整枝**
一番果は直径2cmくらいになったら早めに摘み取ってしまう。葉が多すぎて、太陽の光を遮らないように下葉を取り除く。1株から100個以上の実が収穫できる。

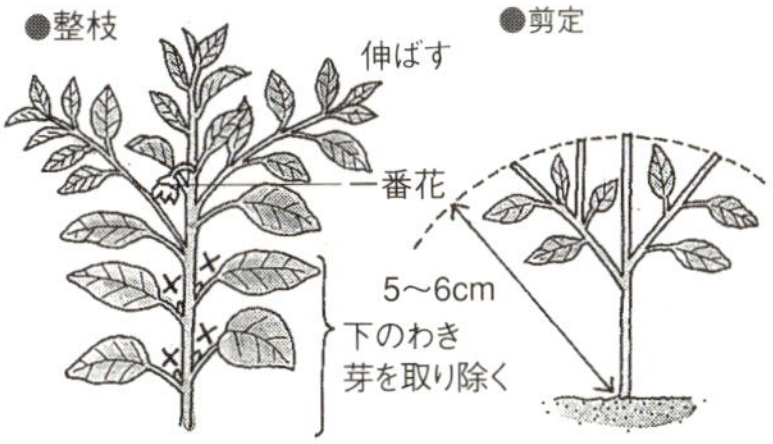


**5 ミナミキイロアザミウマ**
開花時に体長0.5mm程度のミナミキイロアザミウマという虫がつくのを避けるのはむずかしい。これがいなければその畑は農薬漬けだといっても過言ではないほど。虫自体は害をおよぼすものではなく、ピーマンの表面に黒いシミが残ることがある程度。気にせず食べよう。

# きゅうり

## 九五%が水分。だから、水がモノをいう。

ウリ科一年生のつる性草本。原生地はインドで、三〇〇〇年も前から栽培が始まっていた。現在、日本ではトゲトゲしているきゅうりと、つるつるきゅうりの二種類が栽培されている。つるつるきゅうりは「ブルームレス」とよばれる。

「名水でつくりたいなあ」というきゅうりの生産者がいます。宮崎市北部の河川敷に農園をもつ佐藤康彦さんです（49ページ写真・左）。一九九八年彼はきゅうりの栽培地を、砂地からやや高台に移動させました。礫《れき》質土壌を粘土質の土が覆っているその場所は、排水が良いうえに、土に粘りがあり、永田農法独特の〈うまい根〉が伸びるには、最適だったからです。

そして、川から引いていた農業用水をやめ、地下水を使うことにしました。安全性とおいしさを考えたからです。「きゅうりの九五%は水分。名水に選ばれた源流水を使えないものか、と思っている」といいます。そう、きゅうりは水がモノをいうのです。

## きゅうりは「ブルーム」に限る

　さて、その佐藤さんの農園で、きゅうりを一本所望しました。ハサミを入れた瞬間、切り口からは果汁《かじゅう》とも樹液ともよびたい、濃厚な液体が

プクリと盛り上がってきました（写真）。まるで、生命力があふれ出したようでした。品質の悪いきゅうりはこの液体がサラサラしていますが、良いものは粘りがあるのです。

　さて、表面はトゲトゲがピンと立っていて、手に痛いほど。こすると手に白い粉が残ります。これがブルームと呼ばれる粉です。

　この粉を農薬だと誤解する人がいます。しかし、ブルームは、きゅうり自身が水分の発散を防ぐために出す油分の粉なのです。その有無は鮮度の目安になり、表面が粉を吹いている方がいいのです。

　ところで、一般には「ブルームレス」品種が出回っていることをご存じでしょうか。これは運搬の途中で互いを傷つけたり、鮮度低下が激しい「ブルーム」種の悩みを解決すべく生み出された品種で、表面がすべすべしています。皮が厚くて傷みにくく、見た目がいつまでも変わらないため、改良種が出た一九八〇年代にたちまち市場を席巻しました。

　ところが、この「ブルームレス」、はっきりいっておいしくありません。表皮が固いので独特の歯当たりがあり、しかも、鮮度低下がわかりにくいのです。漬《つ》け物などにすると、塩分が中に浸透せず、味の違いが歴然とします。きゅうりを栽培するなら「ブルーム」種に限ります。

## お化けきゅうりも楽しいおいしい

　市場では、LよりSの方が値が高いため、農家は収穫のタイミングをずらさないように朝夕見回って気を配ります。成長が早いので、一日収穫が遅れると、大きさが全く違ってしまうからです。しかし、香りが高

く甘くなる永田農法のきゅうりは、むしろ大きい方がおいしいくらいです。比重が重く、組織がしっかりしているから、漬け物にすると違いが際だちます。

きゅうりは、六〇〇ルックス程度のわずかな光でも成長してくれます。夏の北極圏でも大丈夫ということは、つまり、多少の日陰でも栽培できるのです。

## きゅうり栽培のポイント

**1 品種**
台湾産の四葉形きゅうりが夏の自家用には最適。ヨーロッパ種を大きくして収穫したり、支柱を立てずに、地這種を栽培するのもおもしろい。

**2 畑づくり**
露地栽培でもハウスでも、土は肥やさず、高畝をつくり、表土を固める。その上にマルチフィルムをはり、土で覆う。強い風に弱いので場所に注意。

**3 水と肥料**
元肥は必要ない。タイミングをみて水で薄めた液肥をまく。多肥は着花を悪くする。

**4 育苗と定植**
ウドンコ病などの病気が出やすいので、購入苗より直まきがよい。

**5 手入れと仕立て**
夏の露地栽培では敷きわら・敷き草が有効。直射日光による高温から根を守る。つるが伸び始めたら支柱を立てて、まきひげを誘引させる。飛びなりの三本仕立てでは、親づるは7節で摘芯、4〜6節目から伸びる子づる3本を、支柱の先端まで伸ばし、摘芯する。その他の摘芯をまめに行う。

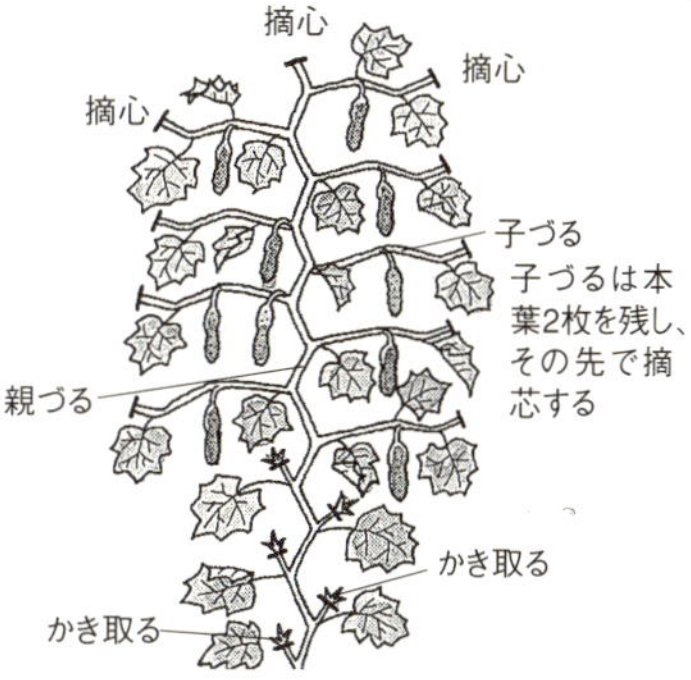
摘心
摘心
摘心
子づる
子づるは本葉2枚を残し、その先で摘芯する
親づる
かき取る
かき取る

# かぼちゃ

## 太陽さえあれば栽培はむずかしくない。

どんどんつるが伸びる。こぼれた種が翌年発芽して、気がつくとちゃんと実がついていることもある。強くて頼もしいかぼちゃは、中米が原生地。ウリ科の植物で、多年生のものもあるが、食用にするのは一年生がよい。

かぼちゃは大別すると、日本かぼちゃ、西洋かぼちゃ、ペポかぼちゃの三種類に分けられます。織田信長の頃、ポルトガル人が現在のカンボジアあたりから持ち込んだのが日本かぼちゃの由来。かつては各地に二〇〇種類もの品種があったようです。形もいろいろですが、表面がでこぼこしていて深い溝があるのがほとんどです。ねっとりとして甘みが少なく、やや水分が多いけれども、だし汁をきかせて煮ると良い味になります。

一方、江戸末期にアメリカから渡来した西洋かぼちゃの方は、表面がつるんとしてなめらか。甘みが強くてホクホクしており、いつの間にか、

ぼちゃ名人の一人、岡田正悟さん

市販されているかぼちゃのほとんどが、西洋かぼちゃに変わってしまいました。

栽培地も、日本かぼちゃが、関東以南、九州産のものが主産地だったのに比べ、低温に強い西洋かぼちゃは、関東以北、なかでも東北や北海道産が中心です。

永田農法のかぼちゃ名人も、やはり北海道に多いのです。

## 痩せて乾燥した畑こそ名産地に

北海道新十津川町《しんとつかわ》の広田幸雄さん(写真)、康吉さん親子のかぼちゃ畑は、白樺《しらかば》の林に囲まれた丘の上にあります。標高一〇〇〇メートルの山塊を遠望するのびやかな畑は、いつも風が吹き、そして、強烈な太陽の光に照らされています。

実はこの畑、一度は「あきらめた」畑なのだそうです。

広田さん親子は丘の麓の農園でメロンやとうもろこしも栽培しています。そちらの畑と丘の上との標高差は三〇メートルほどですが、気温は三~四度違います。カラカラと乾燥した厳しい環境も、寒暖の大きな差も、永田農法に向いていると勧められ、野菜づくりの転換を図ったところ、これが見事に成功しました。

広田さん親子が栽培しているのは、「大雪《たいせつ》」という品種ですが、味に品があり、ホクホク感となめらかさがほどよく混ざったかぼちゃです。

かぼちゃをつくるにもやはり痩せた土がいいことは変わりません。

## 菜園主ならではの芽を食べる贅沢

かぼちゃづくりはむずかしくありません。ただし、かぼちゃのつるはどんどん伸びて、広い範囲を占領してしまいます。だから狭い畑では、支柱を組んでからませてもいいのです。

実がじっくり大きくなるのを待つのは楽しいものですが、小さなものを収穫して漬《つ》け物にしたり、サラダで食べるのも家庭菜園の楽しみの一つ。摘芯したあとの、かぼちゃの芽をさっと湯がいていただくという贅沢《ぜいたく》このうえない料理も試せます。

## かぼちゃ栽培のポイント

**1 種まきと手入れ**

とにかくつるがどんどん伸びるので、広い空間を用意するか、支柱を立てる。幅1～1.5mの高畝に、株間1.5mを取り、4粒を点まきする。発芽後、よい苗を残して間引く。西洋かぼちゃは特に整枝の必要がなく、伸ばし放題でよい。

**2 肥料と農薬**

肥料の吸収力が強いので、肥料過多は厳禁である。すでに畑として使ってきた土壌ならば、無肥料栽培もできる。また、ウドンコ病が出やすいが、ひどくならない限り農薬などは使わずに、そのままにしておく。

**3 着果と収穫**

雄花と雌花がある。虫や風の少ないときは、開花した雄花の花びらを摘み取り、雌花にその花粉をつけるようにする。開花後、50～60日で収穫時期を迎える。茎と実の間のコルク質が黄褐色に変わると完熟の目安。完熟かぼちゃは冷暗所であれば常温で、冬至まで保存できる。

●人工受粉のやり方

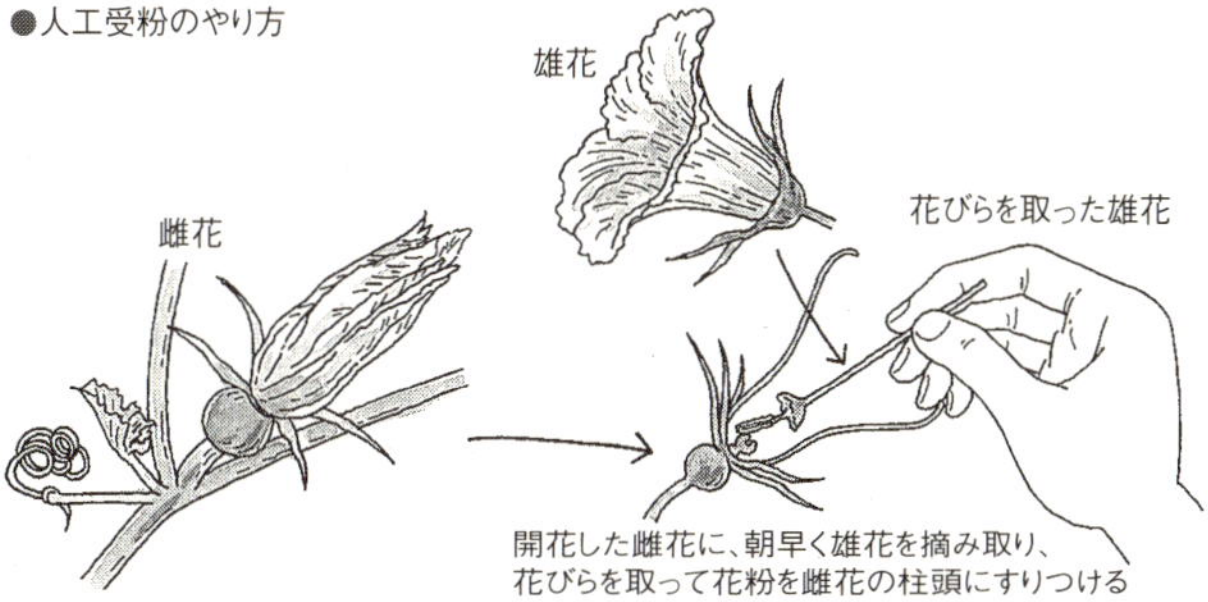
雄花
雌花
花びらを取った雄花
開花した雌花に、朝早く雄花を摘み取り、
花びらを取って花粉を雌花の柱頭にすりつける

# オクラ

## 自分でつくるしかない大型丸オクラ。これが病みつきになる。

トロアオイ科の一年生草本。といってもピンとこないが、ハイビスカスの仲間。花の形がよく似ている。原生地には諸説あり、意見が分かれるが、東北アフリカやインドで野生種が発見されている。収穫の手間ひまが、家庭菜園では楽しみになる。

オクラには「貴婦人の爪」という気取った名前があります。断面が五角形のオクラは、かつて料亭用の食材として、私たちがつくりました。

しかし市民農園で栽培するなら、大型の丸オクラが楽しいでしょう。「貴婦人」どころか「魔女の爪」のような一五〜二〇センチもの実がつきます。永田農法で栽培すると、塩を振って板ずりし、さっと湯がくだけで、トロリと甘くおいしくて箸《はし》が止まりません。大型の丸オクラはあまり生産されていないので自分でつくるしかないのです。

## 毎朝、次々に咲く花も楽しみ

二〇年ほど前、スリランカに招かれて相談を受け、オクラ栽培を推薦、二〇〇ヘクタールの農園でオクラをつくったことがありました。栽培は成功し、真冬に日本に空輸したのはいいのですが、市場ではさばききれませんでした。一回で冬に出回るオクラの一か月分を輸入してしまったのだから無理もありません。

さて、原生地については諸説があるのですが、東北アフリカ原産説が有力です。高温乾燥を好み、寒さに弱いのですが、ハイビスカスに似た花が美しく咲きます。毎朝、新しい花が開き、午後には萎《しぼ》んでさやが膨《ふく》らみ、四～五日後からは収穫できます。幼苗期は虫もつきますが、成長すると病虫害は少なくなります。

ただし、素手での収穫は禁物です。半袖もいけません。長袖に軍手スタイルで作業をしないと、オクラから分泌される樹液で、皮膚がかぶれたり、指の指紋が消えたりします。栄養価の高さ、消化酵素の多さがこんなことからもよくわかります。

### オクラ栽培のポイント

**1 種まきと手入れ**

種を一昼夜、30度くらいの微温水に浸してから直まきにする。暖地では5月上旬に、1mの畝幅に2条、40cmの株間に1か所4～5粒まく。発芽後、2本を残して間引く。茎が30cmくらいになったら支柱を与える。なすに準じた栽培だが、剪定は必要ない。

**2 収穫**

収穫を忘れると若いさやが固くなってしまう。朝、収穫して、同じ場所から出ている葉もかきとるようにする。大型丸オクラは、どんどん背が伸びて、秋には収穫に梯子が必要になるほど。

# いんげん

## 葉は立派なのに実がつかない！原因はきっと肥料のやりすぎ。

マメ科の一年生草本で、つる性種と「つるなし」のわい性種がある。原生地は中南米らしい。マメ科の作物は、土に養分がなくてもよく育つ。若いさやを食べるさやいんげんや、絹さやでもそれは同じこと。育たないときは、肥料の与えすぎをまず疑っていい。

さやいんげんは世界中で栽培されていますが、原生地は中南米、メキシコ中央部からホンジュラスにかけての太平洋岸だといわれています。

高さ二～三メートルになる「つる性」のものと、四〇～五〇センチの「つるなし」品種があり、それぞれに丸さやと平さやがあります。それに雑種起源のものが加わり品種は多くなっています。

家庭で栽培するならつる性のものがいいでしょう。つるなし品種は、収穫までの日数は短いけれども、一気に実をつけるので収穫期間が短いのです。一方、つる性のいんげんは、下から上へと順番に花を咲かせながらつるを伸ばしていくので、長い間、かなり収穫できます。なかでもモロッコいんげんは大きくて、料理のときにすじを取る手間もかかりません。お勧めの品種です。

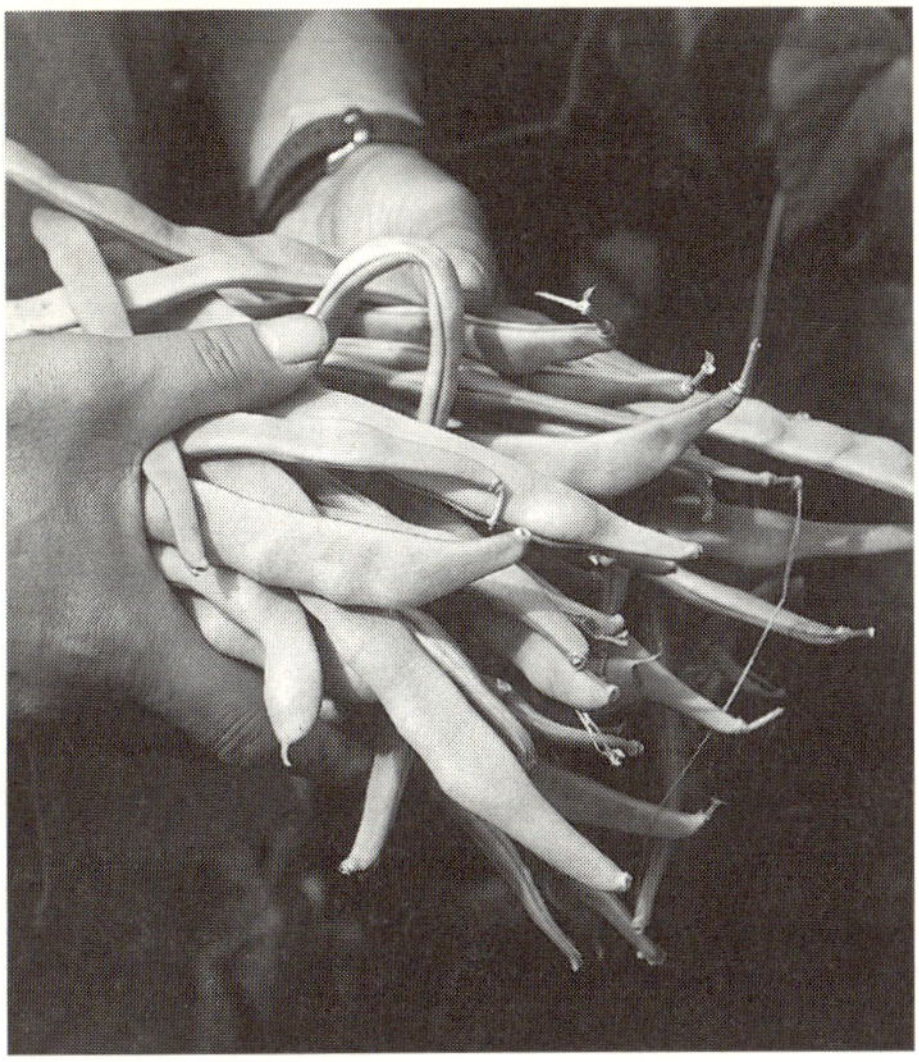

## 苗の時代から たくましく

その栽培のコツを、北海道余市町《よいち》の安芸慎一さんに聞くと「苗の時代に実をつける性格をしつけてあげること」といいます。

安芸さんが栽培しているモロッコいんげんは、生でも苦味がなく、採りたてはサラダで食べられるほどです。香りも高くて実が緻密《ちみつ》なので、日もちもよいのです。

養分が少なくてもよく育つマメ科の植物だけに、肥料のやりすぎが、実のつきを悪くしたり、アブラムシの大量発生を招きます。葉や茎ばかりが立派なものは、太陽の光や風をさえぎってかえってよくありません。自分でつくれば、生でサラダにできるいんげんが育ちます。

### いんげん栽培のポイント

**1 種まきと手入れ**

高畝マルチにする。畝の向きは、南北にした方が収量が多くなる。ふつうの暖地では、晩霜の心配がなくなってから、畝幅90cmに1条、株間30cmごとに3～4粒まき、発芽後に、1か所2株を残す。

つるが伸び始めたら、日光がよく当たるように直立式の支柱を立てる。

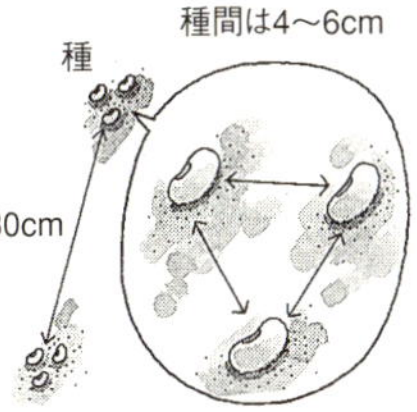


**2 収穫**

花が咲き始めたら、液肥を薄め、水と共に散布する。収穫はさやが大きくなりすぎないように早めに摘み取る。

# そらまめ

## 「上品な料亭風」でなく、お皿に山盛りにする醍醐味を。

マメ科の一、二年生草本。新石器時代にオリエント地方で栽培が始まった。漢字で「空豆」や「蚕豆」と書くのは、空に向かってさやがつくからとも、実の形がカイコに似ているからだともいう。若い生命力をいただく野菜は、とにかく採りたてが美味。

そらまめの原生地には二説あり、北アフリカまたは西アジアだといわれます。いずれにしても新石器時代から栽培が始まり、各地に広まったことは確か。古代エジプトでも古代メソポタミアでも人々の食卓に上がっていました。日本への伝来も、八世紀の天平《てんぴょう》時代と古く、インド僧が種を持ち込んだといわれます。

それほどなじみ深いにもかかわらず、市販品は高価で、料理屋でも小鉢に上品に盛りつけられて出てきます。もっとたくさん食べたいという人も少なくないはずです。

## 秋に種をまき、翌春に収穫。気長に待とう

そらまめは、寒さには比較的強いが暑さには弱いのです。涼しい気候ですくすく育つだけに、寒冷地を除いては、秋に種をまいて、冬を越し、春の終わりから初夏にかけて収穫します。茎の高さは一メートルくらい。茎の断面は四角形・中空で株元から、いくつかに分枝《ぶんし》します。葉の脇《わき》に白か薄い紫の花をつけ、そこからさやが成長していきます。大きく膨《ふく》らんだら、さやが緑色で光沢があるうちに収穫しましょう。

そらまめを完熟させるのは乾燥豆を採るときだけです。未熟で採りたてのものを塩ゆでにするのがなにしろ、最高においしいのですから…。さやから豆を取り出すと、たちまち固くなり味が落ちてゆきます。だから豆を取り出すのは料理の直前に限ります。取り出してみて、黒い筋がはっきりしたものは、実が完熟しているので、煮物などに向きます。

やさしい味で、栄養は豊富。ビタミンCや$B_1$、$B_2$、カルシウムも多く、私の農園では、畑で収穫したものをそのまま生で食べることもあります。加熱したそらまめのホクホクした甘さとは別の、みずみずしい若やいだ味が楽しめます。

### そらまめ栽培のポイント

**1 種まき**

高畝に直まきでもいいが、本葉2〜3枚まで育苗して定植すれば、鳥に食べられる心配がない。種まきのタイミングに留意する。温暖地で10月中旬が一応の目安。

●植えつけ
本葉2〜3枚の頃
本畑に植えつける
マルチフィルム

**2 越冬**

敷きわらや枯れ草で土の表面を覆い、寒さと過剰な乾燥を防ぐ。

**3 手入れと収穫**

3月になると急速に成長する。株元から伸びる余分な側枝はかき取る。上を向いていたさやが下を向きだしたら、早めにハサミで収穫する。

# ミニトマト

## ミニより小さい超ミニに育てる。

南米のアンデス山地に原生地をもつトマトは、大航海時代にヨーロッパに伝わり、やがて世界の異なる自然条件のなかでいろいろな品種が生まれた。ミニトマトが市場に現れ始めたのは一九八〇年代。極小果系のチェリートマトなどいろいろな品種がある。

宮崎県日向《ひゅうが》市に黒木八徳さんという人がいます（61ページ・写真）。風通しのよい高台の斜面で、ミニトマトを栽培していますが、農園の天敵であるヒヨドリやカンカンといった野鳥の害に頭を悩ませています。野鳥たちが、周辺の農園には目もくれず、黒木さんの農園にだけ集まって来てしまうからです。しかも、その鳥たちには好物があります。

彼らは、ミニトマトのなかでも小粒の

ものばかりを食べてしまうのです。大粒より小粒の方が、味が濃いことがちゃんとわかっているからです。

ところが、人間の方は素直ではありません。見た目を重視する農業規格のために、市場に出荷できないほど小さなミニトマトが少なくないことも黒木さんの悩みです。

黒木さんは実直な人です。永田農法のセオリーをきっちり守り、栄養もおいしさも凝縮するように、ミニトマトを栽培しています。

だから、彼のミニトマトは、へたが大きくてしっかりしています。つまり、果肉《かにく》の細胞の数は大粒のものと同じ。大粒のものは水分で膨《ふく》らんで味が薄くなりますが、小粒だとしっかり味が濃くなります。

規格に合わせるのはむずかしくありません。水と肥料をほんの少し増やしてやればいいのです。それで収穫量は増えます。けれども、せっかく育てたおいしさは損なわれてしまいます。

これは、永田農法を実践する農家に共通のジレンマですが、自分でつくるなら迷うことはありません。おいしさを極めて、超小粒を育てる贅沢《ぜいたく》を味わってください。

## 原生種に近く、病気に強い

さて、ミニトマトは大型種より原生種に近く、野生の部分を残しています。チェリートマトや、ミニキャロルなどいろいろな品種がありますが、いずれも病気になりにくく、栽培しやすい野菜です。おいしさも栄養面も大型種と遜色《そんしょく》ありません。永田農法の生産者は、二〇～三〇段くらいまで長期にわたって収穫をしています。

ミニトマトは味が濃いので、サラダで食べるだけでなく、半分に切って、そのままパスタにからめるといった食べ方もお勧めします。

### ミニトマト栽培のポイント

**1 基本**

栽培法の基本はトマトと同じ。長期間収穫するので、実を採り終わった下段をたわめながら伸ばしていく。枝の先をひもで棚などに軽くしばっておくと、全体が安定する。プランター、鉢植え栽培も可能である。

**2 わき芽摘み**

ミニトマトもトマトも、高さが20cm前後になったときに、一つ一つていねいにわき芽を取っておくことが重要。これをしておかないと、枝や葉ばかりが増えすぎて、全体的に大きく膨らんでしまい、その割には実を結ばないという結果になる。

わき芽
わき芽が7～8cm
伸びた頃、摘み取る

# いちご

## 甘いだけの果物に不満はありませんか。

いちごはバラ科に属する多年生草本だが、栽培上は二年生草本として扱われている。野いちごは世界中にあるが、一四世紀のフランスとベルギーで栽培が始まり、一八世紀に現在の栽培いちごの原形ができあがった。

堂々と大きくて光沢のあるいちごが一年中店頭にならぶようになりました。甘さも十分で見ばえもいい。「でも……」と思うのは私だけでしょうか。今はジャムを作るにも、果物の酸味や粘りが足りないからと、ペクチンやクエン酸を添加するのが当たり前になっています。やはり、深い甘みと酸味が同居してこそ、いちごはおいしいのです。

さて、永田農法で栽培すると鉢植えで育てても糖度《とうど》が最高22度になりました。野いちごのように香りが高く、また、水分を抑えて栽培するので、完熟しても実がしっかり締まっており、傷みにくいのです。

# いちごの季語は初夏
# 本来の季節を楽しもう

秋に苗を定植して、翌年の春に収穫します。三月～四月に園芸店の苗を定植《ていしょく》した場合は、すぐに収穫できます。夏の終わりに子株《こかぶ》を採取して仮植えし、一〇月に定植します。収穫期後、根元からは「ランナー」とよばれる茎が伸び、新芽と根ができ、新しい株をつくります。愛らしい赤い実が膨《ふく》らんでいく様子は楽しく、プランターなどで身近に置いてもよいでしょう。

今も新宿御苑にある「福羽《ふくば》」、昔あった「ビクトリア」という品種を栽培するとおもしろいと思うのですが、苗は入手困難でしょう。前者はかつて外国に盛んに輸出された品種。後者は砂糖もクエン酸もペクチンも加えずにジャムができます。昔は水も今の一〇分の一程度が当たり前。それがおいしさを育てたのです。

## いちご栽培のポイント

**1 定植**

ふつうは10月中旬～11月上旬に、本葉7～8枚の苗を畝幅120cmに3～4条、株間25～30cmに植える。そのとき、古葉やわき芽はかき取っておく。

●定植苗

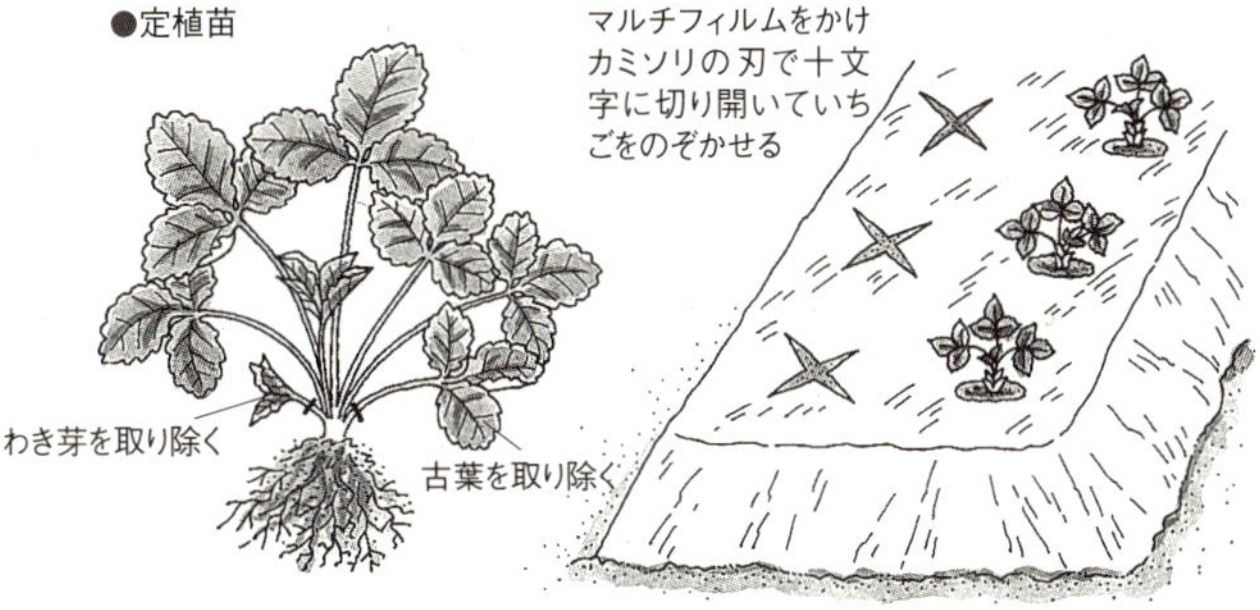

マルチフィルムをかけカミソリの刃で十文字に切り開いていちごをのぞかせる
わき芽を取り除く
古葉を取り除く


**2 畑づくり**

トマト栽培に準じる。水はけのよい土で高畝マルチにする。トンネルかビニールで雨水を防げば、おいしさが凝縮する。

**3 水と肥料**

園芸書には「いちごは乾燥を嫌う」と書かれているが、むしろ、水分過多はおいしさを損なう。土が乾いて、葉がしおれてきたなというところで、液肥水をまく程度でよい。また、根が肥料に敏感なため、未熟な堆肥が土に混ざっていると肥料焼けを起こす。肥料も、灌水をかねて液肥水をまくようにする。

Part I おいしい果物はどこで見分ける？

# みかん

## 選ぶなら、ごつごつニキビ面で小粒のみかん

永田農法で栽培したみかんは超小粒である。表面はごつごつとニキビ顔をしている。しかし皮は薄くて、皮をむくと、ふんわりとよい香りが立ちのぼってくる。その果肉はぎっしりと緻密で、たっぷりの果汁に圧されて薄い内袋はとろけそう。このみかんは甘い。そしてちゃんと酸っぱい。味が濃い。

私の農法の研究はみかん栽培から始まった。今も、土のない岩場を再現した環境でみかんを栽培している。大玉で見ばえのいいものを大量に収穫するより、本当に味のいいみかんを完熟で収穫。だから小玉で、表面はニキビ面。でも皮が薄くて、生産者たちは皮もむかずにムシャムシャ食べている。残さず全体を食べることが身体にいい。果樹栽培は家庭ではむずかしい。おいしいみかんの見分け方を紹介しておこう。

| | |
|---|---|
| ●品種と時期 | 収穫時期により極早生、早生、普通に分けられるが、11月から12月に出回る早生がお勧め。 |
| ●糖度と栄養価 | 糖度はふつう9～11度。よいものは13度以上ある。<br>栄養素は皮に多い。ビタミンCは100g中に150mg。<br>甘皮（白い綿状の部分）には、ビタミンPが含まれる。 |
| ●食べ方 | 安全なものならば皮も食べる。<br>皮はみかん風呂にしたり、干して陳皮を作り、漢方薬としてそのまま飲んだり、七味に混ぜてもいい。 |
| ●見分け方 | 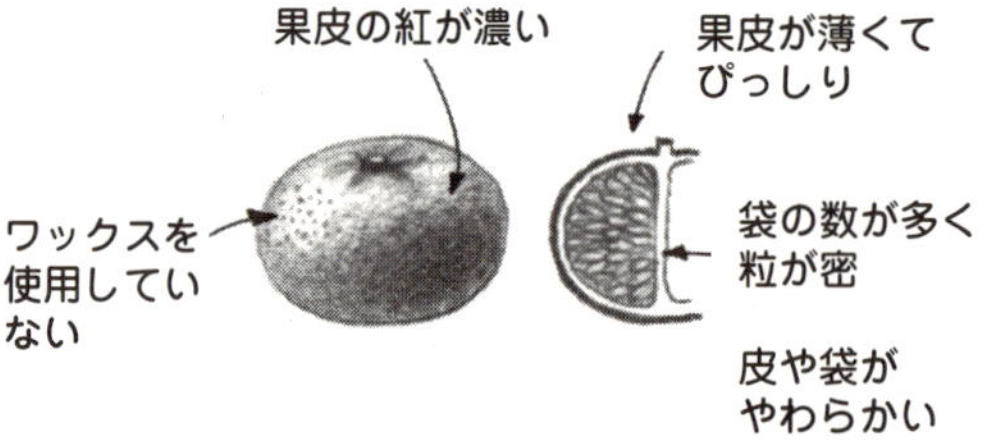 |

果皮の紅が濃い
果皮が薄くてぴっしり
ワックスを使用していない
袋の数が多く粒が密
皮や袋がやわらかい

# 葉と花を食べる

ほうれん草
ブロッコリー
サラダ菜・リーフレタス
しそ
芽ねぎ
カモミール
春菊
バジル

# ほうれん草

アサガオ科ホウレンソウ属の一、二年生草本。原生地はイランの高原地帯だけに、冷涼な気候を好む。夏の強烈な太陽を浴び、たっぷり水を与えられると、蓚酸の生成が進んで、苦味やエグミが強くなり、ゆでてアク抜きしないと食べられなくなる。

## 完全燃焼野菜だから、生がいい。

一般栽培のほうれん草

永田農法のほうれん草

永田農法のほうれん草は淡い緑色。ほっそりと小ぶりに育つが、根はたくましく地中に繁茂する。一方、水をたっぷり与えられている一般栽培のほうれん草は、緑色が濃くて夏でも葉が固い。

ほうれん草は、今井克宏シェフ（「おいしく食べる」参照）と私を結びつけた因縁の野菜です。

とあるパーティー会場で、私は今井シェフが「エグミのひどいほうれん草をサラダで出している料理人のセンスも良心も疑わしい」といった内容のことを話しているのを耳にしました。フランス人は生のほうれん草のサラダを好みますが、若くてやわらかい葉を使います。そのスタイルだけ真似て、まずいサラダを出す店があったからです。

後日、私は、永田農法で栽培したほうれん草を抱えて、今井シェフのお店を訪れました。今井シェフは、葉をむしってムシャムシャと試食す

るなり「これを加熱するのはもったいない」といってくれました。その後、今井シェフの作る「ほうれん草のサラダ」はわざわざ東京から浜松まで食べに来る人がいるほどの、店の人気メニューになりました。

## 身体は有害成分を「まずい」と感じる

　昔からほうれん草はゆでてアク抜きをしてから食べるものとされてきました。ほうれん草の苦味やエグミの素は蓚酸《しゅうさん》という成分で、大量に摂取すると尿路結石《にょうろけっせき》を誘引する有害物質です。ゆでこぼしても蓚酸を減らす効果は少ないとの報告も出ています。

　ところが、永田農法でつくるほうれん草はエグミがなくて、甘くなります。分析してみると、季節による変動はあるものの、蓚酸は一般栽培の半分以下に減り、その一方でビタミンやカルシウム、それに糖度《とうど》は二～八倍以上ありました。

　一〇〇〇グラム中の蓚酸量が五〇〇ミリグラム以下であればムシャムシャ食べられますが、一〇〇〇ミリグラム以上であれば喉《のど》を通りません。加賀綾子先生（当時国立栄養研究所）の研究グループの女性たちは、試食をしながら栄養分析をしたおかげで、「おいしさ」と栄養の高さは比例すると感じたといいます。

　ポパイは悪漢のブルートに立ち向かうとき、「まずいがパワーが出る」ほうれん草を食べて超人に変身しました。しかし永田農法の野菜を食べている健菜倶楽部《けんさいくらぶ》（127ページ参照）会員アンケートでは、「もっともおいしい野菜」の第一位にランキングされており、本当はおいしくて栄養たっぷりの野菜なのです。

## おいしさの違いは品種ではなく栽培法

　そのほうれん草は漢字で「菠薐草」と書きます。菠薐とはネパールのこと。中国では「波斯草」とも書きますが、波斯《はし》はペルシアの古称であり、ほうれん草伝来の経路を示しています。おそらくイラン（ペルシア）の高原地帯で生まれ、中国を経由して、一七世紀には日本へも伝わったのでしょう。その子孫がいわゆる東洋系のほうれん草です。

　一方、一九世紀にフランスから渡来した西洋系のほうれん草もあります。東洋系は剣葉でぎざぎざしており、根は赤いものが多いけれども、西洋系は切れ込みが少ない丸葉《まるば》型。かつては東洋系が主流でしたが、最近は西洋系や、東洋系と西洋系をかけ合わせた多種多様な品種が多く出回っています。

　最近はサラダ用の品種もありますが、生でも食べられるおいしいほうれん草は品種ではなく、栽培法の違いです。そのポイントはやはり、原生地である乾燥した高原地帯の厳しさを再現することにあるのです。

## ほうれん草栽培のポイント

### 1 季節

冷涼性の野菜だが、西洋系と東洋系の交配種が年間を通じてつくりやすい。春から秋までの日照時間が長くて気温が上がりやすい時期には、蓚酸が他に比べて多くなる。一方、秋から冬にかけて栽培するなら東洋系のほうれん草がよく、蓚酸が少なくて、ビタミンCが多く糖度の高いものができる。

### 2 畑づくり

雨を防いで高原の砂漠を再現するため、ビニールハウスを利用する。冬は光をよく通すものを、夏は寒冷紗などを使って強烈な太陽光を防ぐようにする。用土は堆肥や化学肥料を施さず、特別な酸性土以外は石灰も使わない。石灰は、酸性土壌でのほうれん草栽培には不可欠のように思われているが、石灰を多用しすぎると、根が弱まる。畑は、高畝に仕立てる。

●間引き

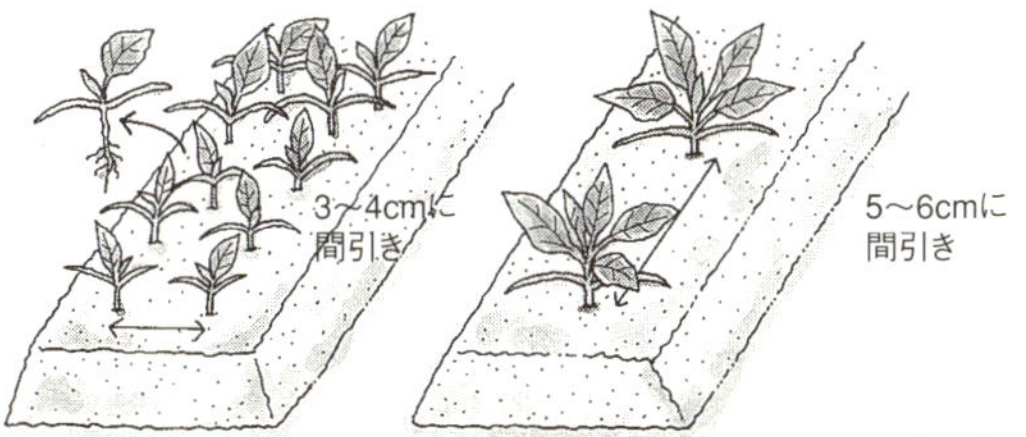

本葉1枚の頃
草丈が7〜8cmの頃
3〜4cmに
間引き
5〜6cmに
間引き


●防寒

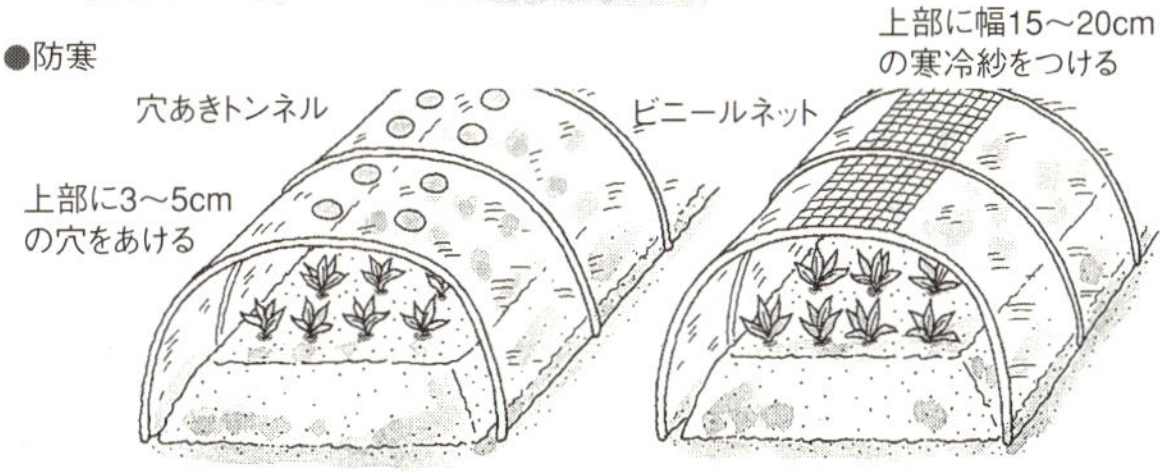

上部に幅15〜20cm
の寒冷紗をつける
穴あきトンネル
ビニールネット
上部に3〜5cm
の穴をあける


### 3 種まき

液肥は冬場なら600倍、夏は1200倍に薄め（春秋はその中間）、1㎡あたり1.5ℓくらいまく。種まき量は多少多めにして、密植気味に育てるとよい。

### 4 水と肥料

畝は、種まき前に液肥で湿らせておく。発芽後の灌水はしない。

### 5 収穫

小さいときからなるべく早く食べる。栽培日数が伸びると蓚酸が増えてしまう。

# 夏のほうれん草は強烈な太陽が嫌い

岩手県久慈《くじ》市には、ほうれん草のハウス栽培の名人たちがいますが、そのおいしさづくりに大きな役割を果たしているのが、自然環境です。農園はみな海に近く、複雑に隆起した丘の上にあって風が強く吹きます。傾斜地で水はけもよく、ハウスで雨を防いでいる農園は、砂漠に似た環境が保たれています。

夏でも冷涼な土地です。特に六月〜八月は、連日、海から「やませ」とよばれる冷たい霧が立ちのぼってき

ます。太陽の光を遮り、冷たい風を吹かせるこの気候が、ほうれん草の生育に大いに役に立ちます。

このほうれん草は「完全燃焼野菜」です。葉っぱですが、完熟しているといってもいいでしょう。過肥料や過水分では、植物は吸収した栄養素を消化しきれず、代謝異常《たいしゃいじょう》を起こし、蓚酸のような有害成分を残してしまうからです。ちなみにこの生産者たちは、収穫するとすぐにハウス横の予冷庫に入れ、さらに大型の真空予冷装置で冷やしてから冷蔵車でほうれん草を出荷します。鮮度を保つために細かい配慮も怠らないのです。

久慈市の西野市太郎さん、カツ子さんご夫妻のほうれん草農園にて。畑への灌水は種をまく前だけというだけあって、ハウスの中は、すがすがしいほど乾燥している。土もまるで砂栽培のようにサラサラ。ここでゆっくり時間をかけながらほうれん草は成長する。夏に農園を覆う霧混じりの「やませ」は目に見えるほど。

# ブロッコリー

アブラナ科アブラナ属の一、二年生草本。キャベツもケールも、カリフラワーもみな同じ仲間であり、栽培の歴史を通じて、結球させたり、花蕾を食べる品種が生まれてきた。原生地は地中海沿岸。今も、痩せた岩場に野生種をみることができる。

## キャベツの親戚。食べているのは花の蕾です。

キャベツの変種です。原産地は小アジアを含む地中海沿岸にあり、野菜のルーツを求めて世界中を踏査し、『野菜探検隊世界を歩く』（文春文庫）を著した池部誠さんは、本の中でキャベツが潮風が吹きつける岩肌にへばりつくように生えている様子を描写しています。

私が地中海のシチリア島で探し出した野生のキャベツもカラカラに乾いた岩山の割れ目に根を張っていました。

その外見はキャベツとは

野生種ブラシカ・ペストリス

ほど遠く、いわゆる雑草です。古代ギリシア人やローマ人が食べていたキャベツも、それに近く、結球しないものでした。

一三世紀頃には結球するキャベツが栽培され始め、一七世紀頃までには花蕾《からい》部分を食べるブロッコリーができ、次いで、カリフラワーの区別ができました。日本での栽培が本格化するのは戦後で、今では一年中栽培されています。当初は色が白いカリフラワーの方が多かったのですが、近年は緑色のブロッコリーの方が圧倒的に人気があります。

栄養価が非常に高く、カロチンやカルシウム、それに永田農法で栽培すると不思議なほどビタミンCの量が多くなります。レモンなどとはビタミンCが一けた違います。それも冬のブロッコリーがいいのです。寒さに耐えながら外葉の中で育つ花蕾に、栄養価が凝縮するのでしょう。

「霜が降りるのはまずいが、気温が冷たい方が蕾《つぼみ》がほどよく締まって重く、いい野菜になる」と、渥美《あつみ》半島でブロッコリーを栽培する小久保敏広さんはいいます。「第一、冷たくないと花芽がつかない」と。その農園には他の畑を見向きもしないヒヨドリが、葉を食べに集まってきます。

海に近くて乾燥した、風がよく当たる地域が向いています。永田農法の場合は、葉の表面のワックス量も異常なくらい多くなります。夏の野菜は秋に、秋の野菜は冬になると内容液の濃縮作用が始まりますが、このワックスとビタミンCの多さには関連があるのでしょうか。

主茎の頂花蕾《ちょうからい》だけを収穫する品種と、頂花蕾を収穫したあとも側枝《そくし》の側花蕾《そくからい》が次々につく品種があります。もちろん、家庭で栽培するなら、後者がよいでしょう。

## ブロッコリー栽培のポイント

**1 季節**

夏の育苗は特にむずかしい。頂花蕾を収穫したあと、側花蕾も食べられる品種を選ぶと秋から春まで収穫できる。

**2 畑づくり**

畝は高畝マルチにして、定植前に600分の1に薄めた液肥水で畝の表面を湿らせる。冬は3か月間くらい無灌水ですむこともある。収穫しながら追肥をすると、驚くほど側花蕾が収穫できる。

●収穫

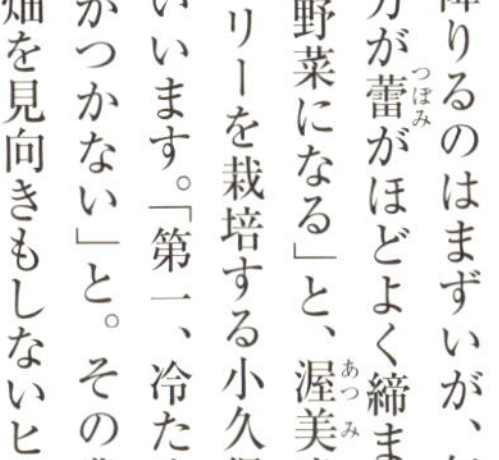
切る
側花蕾
頂花蕾の直径が10cmくらいになったら収穫する

# サラダ菜 リーフレタス

外見はキャベツに似ているが、分類上は全く異なる野菜。キク科アキノノゲシ属の一、二年生草本。種類が多い。栽培種のもとになった野生レタスと思われるものは、ヨーロッパ、アフリカ北部、インドにまで分布していて、原生地はよくわからない。

## パリパリはおばるなら自家菜園ものを。

キャベツはアブラナ科の野菜だから大根や菜の花の親戚なのに、レタスはキク科。見た目ではわからないものです。そのレタス類のことを日本では「ちしゃ」といいます。これは乳草《ちちくさ》という古名に由来します。英語のlettuceの語源であるラテン名もlactuca（lacは牛乳の意味）で、切り口から白い汁が出ることからの連想でしょう。

原生地はいろいろな説があって特定できませんが、野生種は地中海沿岸やインド、シベリアに広く分布しています。栽培の歴史も古く、古代ペルシアや古代ギリシアでもすでに食用とされていました。日本でも一〇世紀頃の文献に記載がみられま

北海道江別市、佐藤哲男さんのレタス畑

すが、本格的に栽培されたのは戦後になってからです。

とはいえ、レタス類の種類は多く、四変種五型に分類されます。ふつう「レタス」とよばれる結球《けっきゅう》型のものは栽培がむずかしく、結球の仕方がゆるいサラダ菜や、リーフレタス、サニーレタス（レッドリーフレタス）などは栽培しやすく、家庭菜園向きです。

高温と長日を嫌うので、秋まきして春先までに収穫すると、ビタミンCも多くておいしいものができます。ただし、気温が高くなるとトウ立ちして苦くなってしまいます。

## 栽培はむずかしくない

浜松にある私の農園は、季節によってまるで景色が違うといわれます。夏は強烈な太陽の下で、ヘチマやきゅうり、なすなどのつる植物が茂り、オクラやかぼちゃ、バジルにモロヘイヤといった野菜であふれ、

生命力に満ちています。一方、冬は大根、玉ねぎ、かぶ、春菊などなど背が低い葉ものが多く、そんななかにサラダ菜もサニーレタスもあります。その畑の風情はやさしげです。

しかし、目をぐっと近づけると、葉の表面に一見細かい産毛《うぶげ》がびっしり。その産毛は、太陽の光を浴びて銀色に輝き、サラダ菜の畑全体をうっすらとした光のベールで包んでいます。

この産毛は半日もすれば消えてしまいます。葉の甘さも香りも、時間とともに失われます。プランターでも育つ野菜だけに、ぜひ、採りたての味を楽しんでください。太陽の光を浴びた外側から順番に収穫できるサニーレタスの鉢を食卓にのせ、むしって食べるのも楽しいでしょう。

インドなどの上流階級に糖尿病が増えた一因は、生のハーブやスパイスをつぶして料理に加えていたのを、乾燥ハーブや乾燥スパイスに変えたからだとの説があります。生きているものを一日一口食すということには深い意味があると思います。

## サラダ菜・リーフレタス栽培のポイント

### 1 季節

春や夏も生育するが、秋まきして春まで収穫するとよい。低温で赤くなるレッドリーフレタスは、玉レタスやグリーンレタスより、栄養素だけでなく収量もすぐれている。高温になると、トウ立ちして収穫できなくなったり、苦くなる。寒い季節以外は、ハウスではなく露地で高畝マルチだけの方が管理しやすい。

本葉4～5枚の頃
本畑に植えつける
30cm
15～35cm

### 2 鉢植え栽培

リーフレタスやサラダ菜は鉢植え栽培に最適。レッドリーフレタスを鉢植えのまま外に置くと、冬は観葉植物のように緑色から赤色に変化するが、それにつれてビタミンCも多くなるとの分析結果を得ている。

# しそ

原生地は中国、ヒマラヤ、ミャンマーだが、アジアの温帯地域に広く分布している。日本でも、縄文時代の土器と共に種が出土しており、日本への伝来もかなり古いと思われる。食用にするシソ科植物としては、ほかにバジルやえごまがある。

## 心地よい環境で育てて健康度を高く。

スーパーなどでは、形も大きさもそろったしその葉が、きれいに束ねられて売られています。見た目は美しいけれども、香りはとぼしく、農薬の残留も気になります。それを買わされる消費者もかわいそうですが、いちいち束ねて出荷している生産者の方も気の毒です。

わが家の農園では、夏になるとしそが増え、遊びに来た知人や友人には、自由に持ち帰ってもらっています。それだけで帰るときには身体からいい香りがするようになります。

人間がおいしいと感じるのですから、当然、虫にもおいしいはず。私のつくるしそのところどころにも虫はいますが、「まあ、たんぱく源ですよ」ですませています。

しそは丈夫で、土質も選ばないといわれますが、環境は大切です。風通しがよく、水はけもよい痩せた土で栽培すると、すくすくと成長し、風味もよくなります。ところが市販品の多くは、風通しの悪い湿ったハウスで密集して栽培されています。まるで虫や病気に「どうぞ来てください」といわんばかりの環境ですから、結局は農薬を大量に使わざるを得ない状況になっています。

だからこそ「しそは自分でおつくりなさい」と私はいいたいのです。

## 芽から穂まで、いつでも食べる楽しみがある

さて、栽培種は大きくは赤じそと青じそがあります。それに、葉のちりめんじわの強弱によって、品種がいくつかに分けられています。最近は、よく「大葉《おおば》」といいますが、これは、若くてやわらかい青じその葉をさしています。

しかし、食べられるのは「葉じそ」だけではありません。発芽して本葉が出始めた頃の「芽じそ」も、可《か》憐《れん》な花がついた「花穂じそ」、まだ熟さない緑色の穂先を切った「穂じそ」、それに、結実したしその実をしごき取った「こき穂」も佃煮《つくだに》や塩《しお》漬《づ》けにされて、食卓を飾ります。

自家製の梅干しを作るのではない限り、一度に大量に使うことはないので、菜園や庭先、プランターに数本あるだけで重宝します。しかも、丈夫でつくりやすく、一度、庭で栽培すると、翌年からはこぼれ種から自然に発芽します。

ちなみに、永田農法で栽培した赤しそで梅干しを漬けると、驚くほど鮮やかに染まります。香りも高く、刻んで炊《た》きたてのご飯と混ぜたおにぎりは、えもいわれぬうまさです。

### しそ栽培のポイント

**1 季節**
しそ栽培は、基本的には5月～10月頃まで。寒さに弱いため、本州中部であれば、葉や穂の収穫は9月までで、11月には枯れてしまう。

**2 種まき**
畑や庭の一角にばらまきし、細かい土を薄くかけておく。プランターや植木鉢でもよい。発芽した苗は非常に小さく、雑草と見分けがつきにくいので注意する。

**3 間引きと収穫**
はじめは間引きをしながら、株ごと収穫。わき芽は伸ばし、下の葉から摘み取っていく。土が乾いたら、水で薄めた液肥を与える。

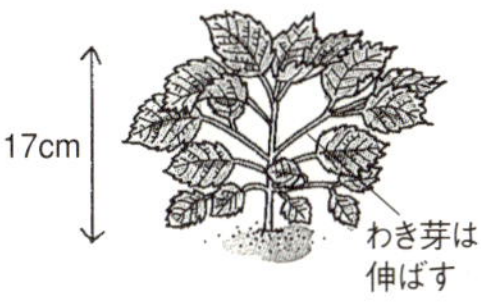

# 芽ねぎ

## 三年もたせた鉢植え芽ねぎ。

ねぎはユリ科の多年生草本。中国原産とされ、二〇〇〇年も前から栽培されてきた。日本でも『本草和名』（九一八年）など古くから多くの文献に、その薬効とともに記録され、実際、全国で特色ある品種がつくられ、広く栽培されてきた。

もともと、ねぎは葉の緑の部分を摘んで食用にしていました。霜害《そうがい》を防ぐために土寄せをしたところ、長く白い葉身《ようしん》をもつ長ねぎが生まれたようです。

古来から栽培されてきただけに、地方ごとに特色ある品種がありますが、関東以北では白い部分の長いねぎが好まれ、関西では葉ねぎを頻繁に使います。

しかし、自分で栽培するのなら、いわゆる長ねぎより、葉ねぎの方がつくりやすいのです。葉ねぎにも、万能《ばんのう》ねぎ、わけぎなどがありますが、私は九条《くじょう》ねぎを平鉢にまき、生育するにつれて間引きしながら、三年以上、芽ねぎとして収穫し続けたことがあります。

わざわざ農園まで出なくても、窓辺に置いた植木鉢から、外の葉を順番に摘み、味噌汁にパラパラと入れたり、冷《ひ》や奴《やっこ》の薬味《やくみ》に使い、なかなか便利でした。どんな料理にも最後には生きている食材を加えたいもの。そんなときに便利です。

## 過保護ではもたない

芽ねぎは育てやすく、土に養分があれば無肥料でも十分に成長します。間引きしながら食せばよく、茎の部分に内生するわき芽から分株するので、一〇～二〇本の芽が出てきます。ベランダに二～三鉢栽培していれば、家族の必要量を十分に確保できます。葉の表面には蝋《ろう》物質が多く、水をはねかえすばかりか、農薬も付着させません。もともと病虫害を自分で予防し、自然の力で立ち直る力があります。もし、生育がよくないとしたら、水や肥料を与えすぎていないかと疑ってみてください。

### 芽ねぎ栽培のポイント

**1 種まき**

一年中いつでも種まきできる。種は一昼夜水に浸し、水を切ってから、夏は涼しい場所に、冬は暖かい場所に置いて、芽出しをしてから種まきする。

**2 根切り作業**

露地栽培も易しく、その際の水や肥料管理は春菊に準じる。

鉢植え栽培で気をつけるのは、時々、根切り作業をしてやることである。野菜の根は果物に比べると生育が早く、3か月くらいの短期間で根巻きを起こし、収穫ができなくなってしまう。そのために、時々、鉢土を崩して、根を空気に触れさせて、呼吸困難から根腐れした部分や、伸びすぎた部分を切ってやるのだ。

●九条ねぎをプランター栽培する
発芽後は芽ねぎで食べ、大きくなったら外側の葉から収穫する。5年でも10年でも栽培できる

種
プランターに2列
すじまきする
込み合ったら間引きしていく
刈り取れば、
再び若い芽
が伸び2～3
回とれる
必要に応じて収穫する

**3 その他**

トウが立ったら、先端を取る。

# カモミール

## 病人のお見舞いにカモミールのひと鉢を。

和名は「かみつれ」。ヨーロッパまたはインドを原生地とするキク科の植物で、種類が多い。種が入手しやすいジャーマンカモミールは一年草、ローマンカモミールは宿根草である。

病人のお見舞いに鉢植えはいけないといわれます。「根つく」が「寝つく」に通じるからだといいますが、私は、ホスピスなどの病人の枕元にこそ、このカモミールの鉢を届けたいと思っています。あるいは、長期で入院している患者さん自身が、窓辺で栽培しても楽しいのではないでしょうか。

栽培はいたって易しく、一～二センチの小さな可憐《かれん》な花は、りんごに似た甘酸っぱい香りを放ちます。

カモミールのことをヨーロッパでは「医者のハーブ」というそうです。古代ギリシアの医者は、発熱やあらゆる女性の病気の治療にカモミールを処方しました。

イギリスには「マザーハーブ」という言い方もあります。一七世紀のイギリスの園芸書にも、カモミールには、心を楽しませて身体を健康にすると書いてあり、実際に、不眠症を治すために、かぎタバコのように吸ったりしたといいます。

日本への伝来も早く、「華密恋《かみつれ》」の名で漢方薬にも使われてきた植物です。

## 熱いお茶が眠りを誘う

さて、カモミールの薬効を数え上げれば、際限がありませんが、もっとも一般的で私自身「さもありなん」と思うのは、カモミールティーの鎮静効果です。

乾燥させた花を二〜三輪、ティーバッグ用の袋に入れて、そこに熱いお湯を注ぐという簡単なお茶です。鄙《ひな》びた味ですが、かすかに甘みがあり、そしていい香りがします。何人もの知人に差し上げたところ、「カモミールティーを飲むと安心してぐっすり眠れる」と評判も上々でした。「市販のカモミールティーよりずっと香りも味もいい」ともほめられました。

カモミールを野菜づくりの本の中に含めるのは、少し違和感があるかもしれません。しかし、自家菜園、市民農園には「収穫して食べる」だけでなく、遊んだり、楽しむという側面がぜひほしいもの。カモミールはその代表選手です。

### カモミール栽培のポイント

**1 種まき**

種まきは、春または秋に、直まき、床まきのどちらでもよく育つ。日当たりのよい場所なら、こぼれ種から毎年繁殖する。挿し木でも増やすことができる。

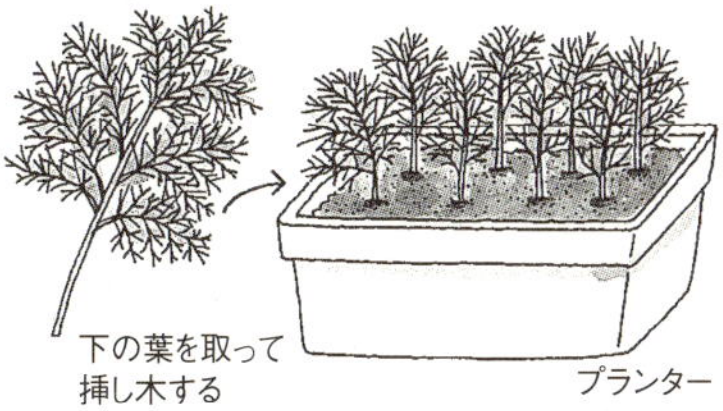
下の葉を取って挿し木する
プランター

**2 鉢植えの場合**

高さが40〜60cmになるので、なるべく大きめの鉢に植え、プランターなども株間にゆとりをもって育てる。プランター栽培の場合は、夏の強い太陽に長時間当たらないように工夫する。

県久慈市宇名沢次男さんと玲子さん

# 春菊

## 独特の香りがするからこそ、生で食したい。

その名の通りキク科の植物。独特の香りもキクの花を思わせる。原生地は地中海沿岸。ヨーロッパでは観賞用に栽培されるだけだが、アジアに伝わる過程で食用化され、日本へは室町時代に伝えられた。ローマギク、キクナという呼び名もある。

春菊には独特の香りがあります。

「それが苦手」という方にこそ、永田農法の春菊を試してもらいたいと思います。独特の香りが消えるわけではありません。むしろ、香りは高くなります。しかし、それは「いやな臭い」ではなく、好ましい香りと感じられるでしょう。

最初は定番の「鍋」で食べるとしても、次はぜひ「サラダ」にして生野菜ならではの甘さとさわやかさを体験していただきたいと思います。春菊にはほうれん草に含まれる蓚酸《しゅうさん》が少ないため、節肥節水栽培で、苦味やエグミが減り、生でも食べやすい甘さをもつようになります。

# 石灰岩の岩山が原生地

　私が野生のキャベツを調べに、地中海にあるシチリア島を訪れたときには、石灰岩の山のそここに野生の春菊がみられました。春菊の原生地は地中海沿岸だといわれますが、地中海性気候では、夏の乾燥が激しいため、秋になってから葉を伸ばすようです。

　日本でも古くから栽培されてきただけに、地方によって好まれる種類が違います。葉の大きさによって、大葉、中葉、小葉の品種に分けられ、大葉と中葉は西日本、中葉と小葉は東日本でつくられてきました。

　最近では、中葉種を中心に品種改良が盛んに行われ、全国的に広がっています。株が横に広がっているものを根元から切り取って収穫する品種と、成長した株から茎が立って分《ぶん》枝《し》するものがあり、後者の若い茎を摘み取っていく方が、自宅での栽培には向いていています。

## 春菊栽培のポイント

### 1 季節

中葉種は季節を選ばないが、大葉種はトウが立ちやすいので、春または夏まきにする。涼しい気候を好み、半ば日陰でもよく育つ。種まきから収穫まで25〜35日程度。じっくり時間をかけて成長した方が味がよい。

### 2 畑づくり

高畝にして露地栽培もできるが、サラダで食べるほどおいしい春菊を育てるには、マルチかトンネルが不可欠。鉢植えにして雨と夏の強烈な直射日光を防いで栽培してもよい。その際は、しおれ始めたら液肥水を施すなどの心遣いが必要になる。

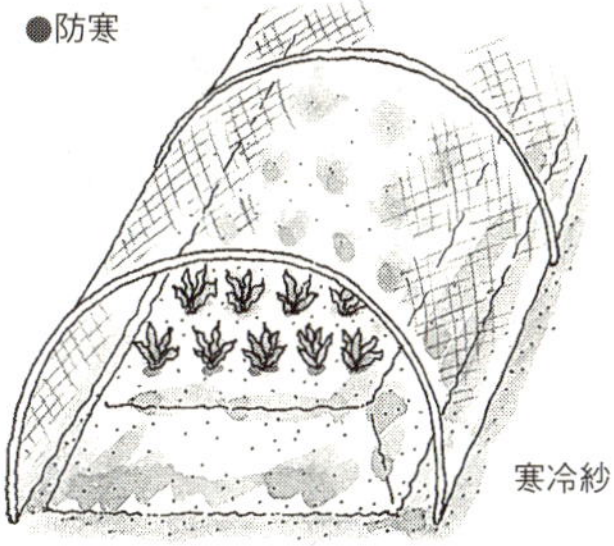


### 3 種まき

基本的にはほうれん草に準じる。水分をたっぷり含んだ土の中で、種に水分が浸透して発芽の準備をする。このとき、さらに大量の雨などが入り込むと、果皮が水分過多になり窒息状態に陥り、発芽しにくくなる。だから種まきは晴天の続く日を選ぶ。

### 4 水と肥料

ほうれん草と同じだが、分枝する品種は、何回も若葉を収穫するので、その刈り取ったあとに、液肥水を与えるようにする。

# バジル

## 厳しく育てると、キリリと香りが高くなる。

フランス料理やイタリア料理に欠かせない香草だが、実はインド・東南アジアに原生地をもつシソ科の植物。緑色のスウィートバジルのほか、紫色のダークオパールや、レモン風の香りがあるレモンバジルがある。

風味の高いバジルを育てることに、何年間か夢中になった時期があります。

イタリア料理に欠かせないハーブだけに、地中海沿岸生まれのようですが、実は違います。ルーツをたどっていくと、インド、東南アジアに行き着くのです。赤道直下の標高一〇〇〇メートルを越す山の上の野生バジルは、緑色ではなく紫色。すばらしい香りを放っています。私が農園で実現したかったのはその香りでした。香りの高いバジルを育てる基本も、水と肥料にあります。

夏の私の農園は、バジルの香りでいっぱいです。近所の市民農園でもバジル栽培の指導をしていますが、

このおばあちゃんたちは「いつも良い香りだから、若い人たちが寄ってくる」と冗談をいっています。

## 緑が深いものより、薄緑色のバジルがいい

畑を見慣れている人は、私の農園のバジルの背たけが低めで、葉の色が薄いと感じるのではないでしょうか。

バジルの葉は光を反射してキラキラしていますが、「深緑」ではありません。実は深緑のバジルは苦いばかりで、香りも高くはないのです。

バジルはまんぜんと栽培していると、背だけがひょろひょろと伸びていきます。そんなバジルの根っこを掘り出すと、直根《ちょっこん》が地中深くに伸びているはずです。しかし永田農法では、毛細根《もうさいこん》が繁茂して、畑の地表面を覆うようになります。こうなるとバジルは自分から香りを高め、単にハーブとして調味に使うのではなく、ピリリとした野菜としてサラダに加えられるほど、苦味が少なくなっていきます。

バジルは、にんにくや松の実と合わせてペースト状にして「ジェノバソース」を作ったり、乾燥させて保存することもできます。わが家では、お茶の製法を真似て、バジル茶を作っています。家内は白い小花をアイスクリームに混ぜて楽しんでいます。

### バジル栽培のポイント

**1 種まき**

4月～5月頃種をまく。プランターでもいいし、露地でも栽培できる。そのための畝を特別につくらず、他の野菜の植え床などに同居させてもいい。

**2 成長と収穫**

水分が多いと、立ち枯れ病になりやすいので注意する。葉は若くやわらかいうちに摘む。芽先を摘むとわき芽が次々に伸びてくる。

枝分かれしてきたら、その先を摘芯をかねて摘み取る。葉だけ取ってもよい。

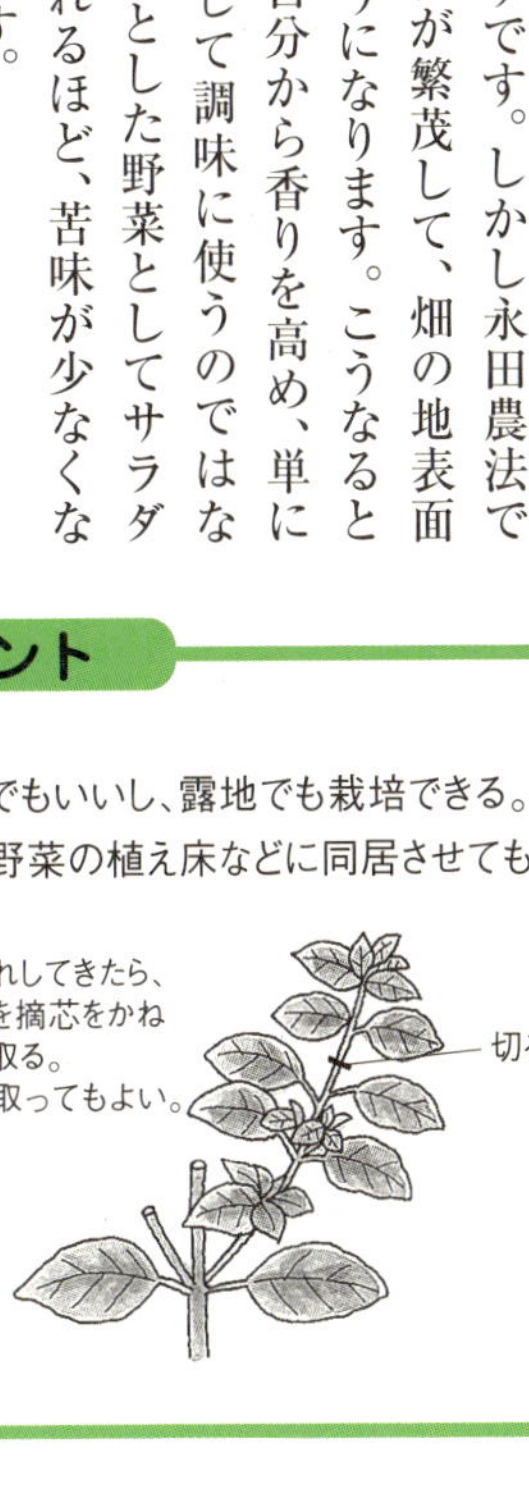

# パイナップル

## 健やかに完熟していれば芯まで食べられる

パイナップルをおいしいと感じたことがありますか。悲しいことに、日本に輸入されているパイナップルは、ホルモン剤を使われ、まだ青いうちに収穫されたものが圧倒的に多い。だから舌にピリピリしたいやな感じがしたり、酸っぱいだけでおいしいとはいいがたい。追熟といって、収穫後に熟成が進む果物もあるが、パイナップルは一度茎から離されれば、表面は黄色く変化しても、中身は未熟なまま。甘みも香りもよくはならない。それなのに、未熟なうちに収穫されるのは、輸送上の理由だけでなく、パイナップル自身が、完熟を待てないほど不健康だからだ。完熟する前に根腐れを起こしたり、茎が弱くて実を支えきれないといったことが少なくないのだ。不健康の理由は、除草剤とホルモン剤、肥料や水の与えすぎにある。

健康に育てたパイナップルの実は小さい。けれど、甘く香りが高く、そして芯まで食べられる。

| | |
|---|---|
| ●品種と時期 | フィリピン産の輸入ものが市場を席巻しているが、質の低下が著しい。台湾と中国で栽培している「芳香パイン」は芯まで食べられる。 |
| ●糖度と栄養価 | 一般のもので14度くらい。完熟したよいものは20度に達する。ビタミン$B_1$や食物繊維が多く、果物で唯一たんぱく質分解酵素ブロメリンを含む。 |
| ●食べ方 | 皮の部分を肉と漬け込んでおくと、肉に酸味がミックスされておいしくなる。<br>たんぱく質分解酵素を含むので、肉類の消化を助ける。 |
| ●見分け方 |  |


自然のワックスが残りツヤがある
香りがよい
ずしりと重い
溝が深い
立体的で緑色が残っている
赤みがかって深い色
ツヤがある

# 根などを食べる

じゃがいも
玉ねぎ
ラディッシュ・小かぶ
にんじん
大根
もやし・貝割れ大根

# じゃがいも

## 身が締まっているから、スフレができる。

じゃがいもの原生地である南米アンデス山地には、今も多数の野生種が自生している。古代アンデス文明の農耕は、じゃがいも栽培から始まったと考えられている。意外なことに、植物としては、ナス科ナス属に分類される。

「じゃがいものスフレ」というフランス料理があります。薄くスライスしたジャガイモを一度揚げ、再び高温の油で揚げてパッと膨《ふく》らませるというシンプルな料理です。

ヨーロッパでは特別むずかしい料理とされているわけではありません。ところが、日本のじゃがいもでこれを作ると、シェフの腕がよくても、成功率がぐっと低くなってしまうといいます。今井克宏シェフは、「最初に油で揚げ、じゃがいもの水分を蒸発させるとそこに空気孔ができてしまい、中の空気が逃げ出してしまうのではないか」といいます。

つまりはヨーロッパのじゃがい

もと、日本のじゃがいもでは、細胞の緻密《ちみつ》さ、身の締まり方が違うのでしょう。「でも、永田さんのじゃがいもを使うと、スフレは一〇〇%成功します」と今井シェフ。だとすれば、一般家庭でも、プッと膨らんだスフレが作れるのではないかと思います。

それだけではありません。冬に静岡県の三方原《みかたがはら》でハウス栽培されているじゃがいもが、切り口から粉を吹くことに気づいてくれたのも今井シェフです。

これは、おそらくでんぷん質の粉でしょう。北ヨーロッパの気候に似た乾燥状態で永田農法で栽培されたじゃがいもは、なすと同じように、二つに切ると、その断面が盛り上がってきます。

褐変《かっぺん》物質も少なく、水にさらさなくても調理できます。

もう一つ、永田農法のじゃがいもには際だった特徴があります。それは加熱時間が極端に短いことです。

これはじゃがいもに限らず永田農法の野菜に共通する特徴なのですが、じゃがいもは、ゆでているうちにすべて煮崩れするということにもなりかねません。

おそらく細胞の一つ一つに余分な水分が少なく緻密なためでしょう。

## アンデス生まれ 北ヨーロッパ育ちを再現

じゃがいもは新大陸の発見後、ヨーロッパにもたらされて、そこから世界に広がった作物です。

トマト同様、その原生地は南米アンデスの高地にありますが、その標高はトマトより高く、三〇〇〇メートルもの過酷な自然のなかです。

乾燥地帯であるアンデス山脈西斜面、熱帯雨林である東斜面の中間にあり、年間雨量は七〇〇から八〇〇ミリ。高山植物だったじゃがいもが、低地で緯度が高く日の長いヨーロッパに適

応するのに、二〇〇〜三〇〇年かかったようです。それでも熱帯低地が原生地のさつまいもと違って、冷涼なヨーロッパに向いていたのです。

現在では、甘くて粘りけのあるじゃがいもは、雨が少なく、涼しい風が吹き、日が長い北ヨーロッパが主要な産地になっています。農園では高畝《たかうね》マルチで栽培。ビニールハウスか大型トンネルでつくると味はさらによくなります。

栽培のとき、もっとも注意するのは、収穫のタイミングです。じゃがいもは最後の一〇日間で、糖をでんぷんに変えて完熟します。その間に収量も増えるのです。

じゃがいもそのものが健康であれば、茎は枯れずにもつので、完熟をじっくり待つことができます。ただし、二次成長前には収穫してください。二次成長が始まると、でんぷん価が低下して、味が落ちてしまいます。

## じゃがいも栽培のポイント

### 1 品種と種いも

種いもは、食用のいもでもいいが、北海道の低温地でつくられたものはウイルス病の危険が少ない。品種は男爵やメークイン、農林1号などあるが、産地や品種によって休眠期間が異なる。大きい種いもは2〜3個に切る。

●種いもの切り方
どれにもよい芽がついているように切り分ける

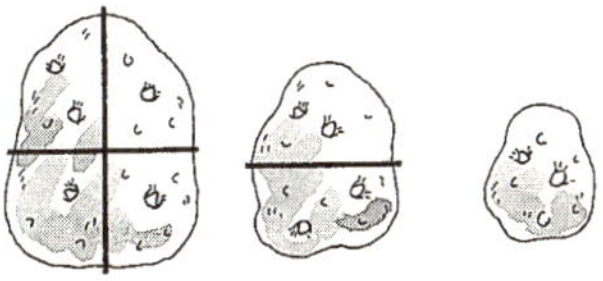
100g以上のいもは
4つに切る
60〜80gのいもは
2つに切る
30〜40gのいもは
切らずに植える

### 2 畑づくりと肥料

原則として元肥は不要。高畝をつくり、畝の上に溝を掘り、40〜50cm間隔で種いもの切り口を土に押し込むように植えて、上に5cmくらいの土をかぶせる。追肥は場合によっては、ごく薄い液肥を霧状にして葉面散布を行う。

●植えつけ

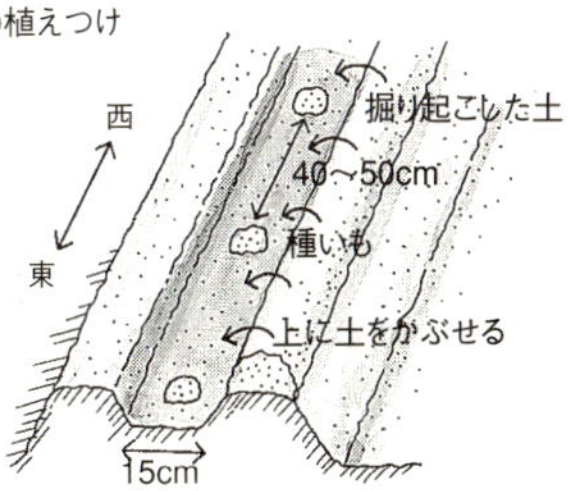
西
東
掘り起こした土
40〜50cm
種いも
上に土をかぶせる
15cm

### 3 芽かき

発芽後、新芽が4〜5cmまで伸びたら、2〜3本の芽を残し、余計な芽をかき取る。

### 4 収穫

じゃがいもは温度が29度を超えると生育が止まってしまう。ふつうは春栽培が手軽だが、植えつけが遅いといもが膨らむ前に収穫期が来てしまう。下の葉が黄色く枯れ、5〜6日晴天が続いたあとが収穫の適期。

# 玉ねぎ

## にじみ出る白い液体から甘い香りが。

ユリ科の多年生草本で、原生地はアフガニスタンやインド北部の山間部といわれるが、野生種は未発見。玉ねぎは栽培のタイミングもむずかしいし、収穫までの期間も長い。それでも栽培を勧めるのは、驚くほどおいしくつくることが可能だからだ。

永田農法の玉ねぎ、特に赤玉ねぎをカットすると、切り口からじんわりと白い液体がしみ出してきます（写真上）。一般栽培のものは、液体など出てこないか、あるいは出てくるとしても透明の液体なのですが…。

この白い液体は豊富なビタミンやミネラルが含まれている証《あかし》です。おもしろいことに、果汁《かじゅう》は豊富なのにツンとくる刺激臭がなく、包丁で切っていても目が痛くなりません。

日本には大きくは辛玉ねぎと、甘玉ねぎという二種の系統がありますが、強い刺激臭があるはずの辛玉ね

ぎであっても、永田農法でつくれば、収穫後三か月以内は、いやな刺激臭がなく、甘い味を醸《かも》すのです。

玉ねぎ特有の臭みは、数々の揮発性含硫化合物によるものですが、やはり、節水節肥栽培をすると、植物が完全燃焼をしてそういった成分の生成が抑えられるでしょう。

玉ねぎはさまざまな料理に欠かせない食材ですが、それ自身が主役になることは少ないようです。くたくたに加熱したり、細かく刻んで原形をとどめなかったりといった料理が多く、「おいしい玉ねぎ」というイメージが意識にのぼることも少ないでしょう。けれど、この永田農法の玉ねぎを知ると、玉ねぎを主役にしたくなるはずです。

## 刺激臭が嫌われてきたけれど

玉ねぎは数千年前から栽培されており、エジプトのピラミッド建設に従事した人々にも大量に支給されていたといいます。死者をミイラにした際、眼孔には玉ねぎが置かれたといいますから、神秘的な力があるとも信じられていたのでしょう。

ところが原生地の方はまだよくわかっていません。やはり中央アジアの山間部らしいですが、原生種も見つかっていないのです。

日本には江戸時代に渡来しましたが、独特の臭みが嫌われて普及せず、明治になってアメリカ種が入ってきてもなお人気が出ませんでした。ようやく栽培が広まったのは、「コレラに効く」というデマがきっかけでした。

## 世界一のマウイ島産を超えた

今まで私が出会った最高の玉ねぎは、ハワイのマウイ島で栽培されているものです。世界でいちばんおいしい、とマウイの人々も胸を張ります。

マウイの人々は、島にミネラルウォーター「ペリエ」の工場があるだけに世界一の水も流れていると自慢しますが、玉ねぎが栽培されているのは地力がない荒涼とした土地です。それがいいのです。

この玉ねぎを目標にしてきましたが、私たちの玉ねぎは糖度《とうど》10度になり、味の面ではマウイ産を超えたのではないでしょうか。

ここでも大切なのは風通し。排水のよい山の上が理想です。

市場には春収穫したものが五月頃に、北海道産のものが九月〜一〇月に大量に出回り、貯蔵性が高いために、一年中途切れることがありません。自家栽培する場合は、九月の中頃を目安に種をまき、翌年の春から夏にかけて収穫します。

長期保存もできますが、味は落ちます。できるなら、旬前線にそって、生産者同士で、収穫した農産物を交換したらどうでしょう。さぞや楽しいに違いありません。

## 玉ねぎ栽培のポイント

**1 畑づくり**

窒素10%、燐酸8%、カリウム8%の液肥を600倍に薄めてまき、その後マルチフィルムをはる。

**2 種まき**

秋まき初夏取りがつくりやすいが、種を早くまきすぎると年内に球根が大きくなって、翌春にはトウが立ってしまう。遅れると成長が悪くなるので注意。それに1年以上たった古い種は発芽しないので、これも注意。

**3 育苗と定植**

苗の間隔が2cm程度を保つように間引き、11月から12月、高さが20〜30cmになったら、植えつけ床に定植する。1mの畝幅なら3条植えにして、株間は10cm程度取る。

●3条植え

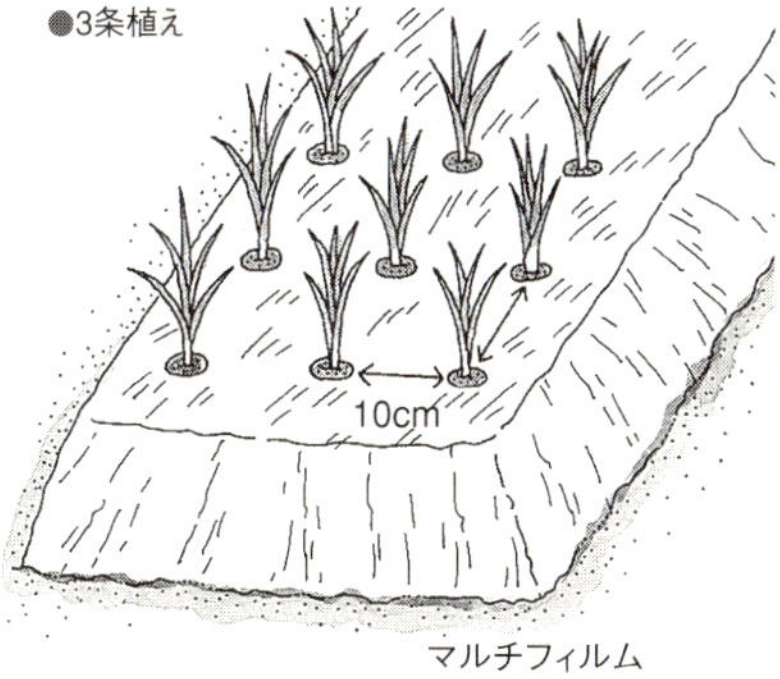


**4 収穫**

葉が倒れてまだ青いうちが収穫の目安。抜き取って、風通しのよい日陰で乾燥させる。

# ラディッシュ 小かぶ

## 狭い菜園がむだなく使えてつくりやすい。

ともに同じアブラナ科に属し、姿かたちは似ているが、ラディッシュはダイコン属、かぶはアブラナ属の野菜に分類されている。どちらも古くから栽培されていたが、原生地については諸説がある。

ニューヨークでは、歩きながらラディッシュをパリパリとかじる姿がみられます。サラダに薄切りを散らすより、葉っぱも根っこも丸かじりの方が甘みも歯触りも感じられて、おいしさがよくわかります。それも、自分の畑から抜いて、サッと土を洗い流し、そのままガブリ、がいいですね。

ラディッシュはもっとも市民農園に適した野菜です。

市民農園の野菜を選ぶとき、なにより大切なのは、野菜が強くて栽培が易しいこと。また、限られた面積の畑を有効に使える栽培ができることも必要不可欠な条件です。さらに、商品化すると高価になりすぎ

たり、店に並ばない稀少野菜などもいいでしょう。

ラディッシュはこの条件にあう代表的な野菜です。野菜の種類は異なるものの、かぶも市民農園に向いています。私の農園では、同じ畝《うね》でラディッシュと小かぶを栽培しています。栽培条件は同じですが、成長の速度や背の高さが違う野菜をうまく組み合わせることで、狭い畑を有効に利用できるからです。

## いろいろな品種を楽しめる作物

さて「ラディシュ」の日本名は「廿日大根《はつか》」です。その外見から、赤かぶと混同されることも多いのですが、かぶではなく、大根の一種。古代エジプトなど地中海を中心に、紀元前から栽培されていた歴史の古い野菜です。

その名の通り、種をまいてからわずか二〇～三〇日で収穫でき、初心者向きの野菜といえます。

球形だけでなく、最近は、長い筒型や紡錘形《ぼうすいけい》の品種、それに果皮《かひ》の色も赤だけでなく、桃色、白色、金色など、変わった品種が出回っていておもしろいものです。

もっとも、果肉《かにく》はさすがにどれも白に限られますが……。

一方、かぶは、弥生時代から栽培され、「すずな」の名で春の七草《ななくさ》の一つとして親しまれてきた野菜です。

その原生地は地中海沿岸、もしくはアフガニスタンを中心とする西アジアだと考えられ、日本へは、中国・朝鮮半島経由で入ってきたようです。

古くから栽培されてきたものだけに、大きさも、味も形も微妙に異なる地方品種の種類が非常に多いのです。

## おいしさの違いは品種ではなく栽培法

栽培法はどちらも似ていて、つくりやすいと思います。

ただし、ラディッシュは、根が大きくなりすぎると「す」が入るので、土から顔を出した根の状態をみながら、ほどよい大きさ（直径二センチ前後）になったら、収穫しましょう。

　小かぶの方は、たとえば金町《かなまち》小かぶという小かぶの主流のような品種が長く楽しめます。

　全体の高さが六～七センチ程度になったものを間引きすれば、料亭などで出される「つくばね」になります。羽子板の羽を思わせる形が、椀種《わんだね》にぴったりです。

　根はどんどん大きくなりますが、四～五センチになったら収穫を始めます。もちろん、葉も味噌汁やお浸しにしておいしく食べることができます。

　あまり大きくなると、味が落ちてきますが、その際は思い切って畑に放置してトウ立ちさせます。アブラナ科の植物であるかぶは、春にトウ立ちして花を咲かせます。その蕾の状態のときに、菜の花と同じようにお浸しや塩漬《しおづ》けにすることもできます。

　楽しみながら育ててください。

## ラディッシュ・小かぶ栽培のポイント

### 1 種まき

盛夏や厳寒期を除けばいつでも手軽につくれる。夏野菜の収穫が終わった畑で、秋にまき、無肥料栽培をしてもよい。灌水をした土にすじまきし、種の2～3倍の土をかける。種を何度かに分けてまき、収穫の時期をずらすとむだがない。プランターでも十分おいしい野菜が育つ。

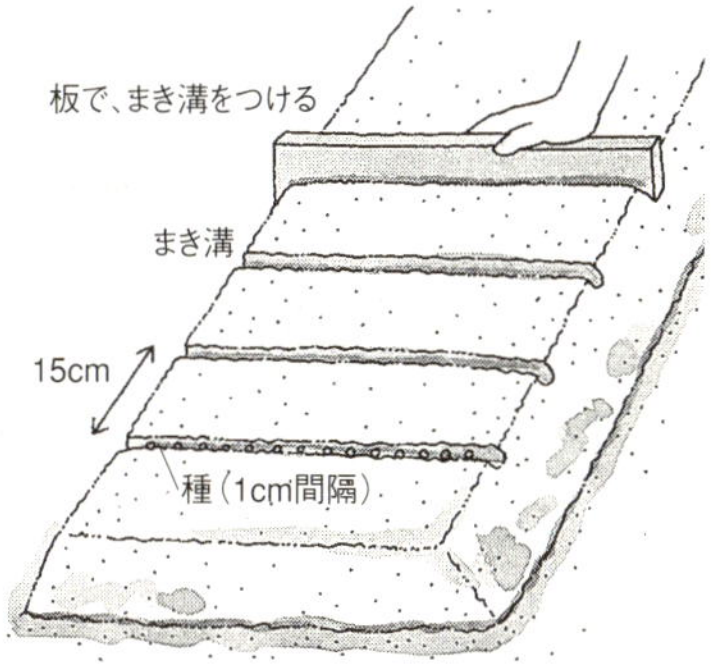

板で、まき溝をつける
まき溝
15cm
種（1cm間隔）


### 2 間引きと収穫

発芽後、茎ばかりひょろ長い苗や傷のある苗を中心に込み入った苗を間引く。苗の間隔は、葉と葉が触れ合うぐらいの密植がよい。ラディッシュは20～30日で、小かぶは50～60日で収穫できる。

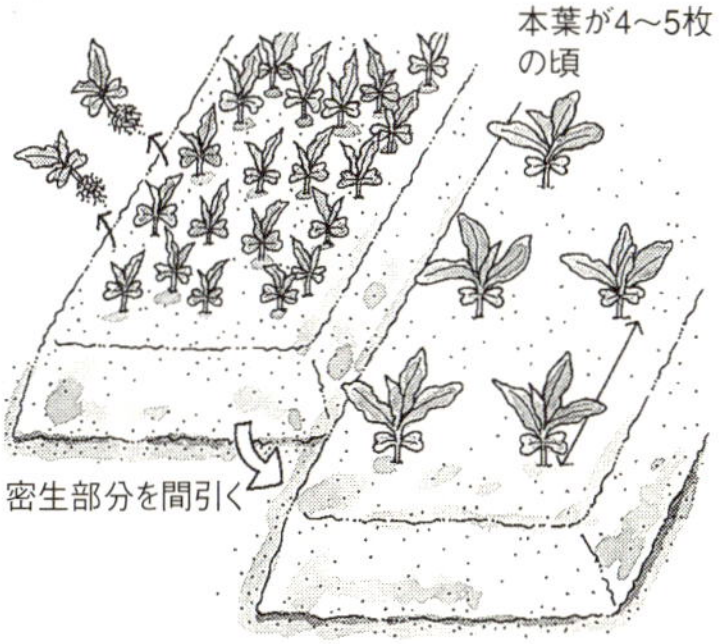

本葉が4～5枚の頃
密生部分を間引く

# にんじん

## 赤ちゃんが大好きな味を育てるということ。

原生地はアフガニスタン北部の山岳地帯。ここからペルシアやオリエントに広まっていった。セリ科ニンジン属に分類される。にんじんの葉をみると、「なるほど、セリの仲間だな」と納得できる。

　永田農法の名人がつくったにんじんは、赤ちゃんの大好物だといわれたことがあります。健菜《けんさい》倶楽部《くらぶ》（127ページ参照）の会員が、離乳食にゆでたにんじんを与えたところ、大喜びでもぐもぐと食べてくれました。ところが次の日に、市販のにんじんを出したところ、「ぺっ」と吐《は》き出してしまったというのです。赤ちゃんの舌は、何をおいしいと感じ、何をまずいと感じたのでしょうか。

　昔、にんじんはかなりクセの強い野菜でした。独特の香りが強烈で、生でかじることなど考えられませんでした。ところが、個性の強い東洋系が激減して西洋系が一般化し、さらに品種改良が進んだおかげで、

臭みがなくて、味もそれ程悪くないものばかりが、市場にならぶようになりました。

そのおかげでしょうか。ある調査では子どもたちの嫌いな野菜の上位一五位までに、にんじんの名は見当たりません。好きな野菜の上位にもその名はなく、「健康のためにがんばって食べるもの」（一九九四年～一九九五年子ども調査研究による首都圏の小学生二〇〇〇人に対するアンケート調査）という質問の第二番目に登場します。

もし永田農法のにんじんを食べていれば、好きな野菜の上位ににんじんの名が挙がるはずだと思うのですが。

## 栽培しやすい西洋系が主流に

にんじんは、アフガニスタン北部の山岳地帯が原生地。池部誠さん（前出）から、アフガニスタンのにんじんの野生種の写真を見せられたことがあります。外見は黄色く、味は沖縄の島にんじんに似ていました。

一方、歴史をみると日本へは江戸時代に渡来し、それぞれの地方品種、つまり東洋系品種が生まれました。お正月向けに出回る紅色の京にんじんや、黄色い琉球にんじんなどが、東洋系です。

一方、ヨーロッパに伝播《でんぱ》し、一九世紀にオランダで品種改良されたオレンジ色の西洋系にんじんは、日本へも導入され、栽培がむずかしい東洋系に代わって主流になりました。

自家菜園ではタイニーテンプやベビーキャロットといった西洋系品種がいいでしょう。西洋系はカロチンが豊富、東洋系は発ガン抑制効果が期待されるリコピンが注目されています。

## 芯の部分も外側も同じおいしさに

永田農法で栽培すると品種にかかわらず糖度《とうど》が高くなります。静岡県での栽培実験では、一般栽培の8度に対して、永田農法のものは12度という果物なみの甘さになりました。にんじんは輪切りにすると、葉に直接つながっている「芯《しん》」の部分と、それをとりまく「肉」の部分があり、一般的には、芯部が小さいものが良品とされています。しかし、過肥料で肉部が肥大化したものは、肉部の味が薄く、芯部がぱさぱさとしておいしくありません。永田農法では、芯と肉の部分の味に差がなく一様に味が濃くなります。にんじんは長く地中に置くと、ずんぐりと太ってきますが、早めに細めのものを収穫した方が香りが高く、味もよいのです。

若い葉を食べることもお勧めします。京にんじんの葉は根とは別にわざわざ料理人向けに出回るほどですが、西洋系の葉も、若くてやわらかい頃はゆがいて料理に使えます。間引きしながら、ぜひ葉っぱを楽しんでください。

## にんじん栽培のポイント

**1 季節と種まき**

本来は冷涼性の野菜だが、通年、栽培できる。家庭菜園でもっともつくりやすいのは、暖地では8月〜10月に種まきし、10月〜翌年3月に収穫する方法。種は一昼夜水に浸してからまく。セリ科特有の好湿性があるため、特に種まき後、発芽するまで土を乾燥させないようにする。

**2 畑づくり**

かぶや大根より養分を必要とし、またセリ科独特の好湿性があるが、それでも、畑は高畝にし、トンネルを使った方がいい。元肥は一般の70%程度。

**3 間引きと収穫**

葉っぱどうしが互いに触れ合う程度の間隔で間引いていく。60〜120日で収穫。早取りは、甘みは不足しがちだが、生でも食べやすい。

●種まき

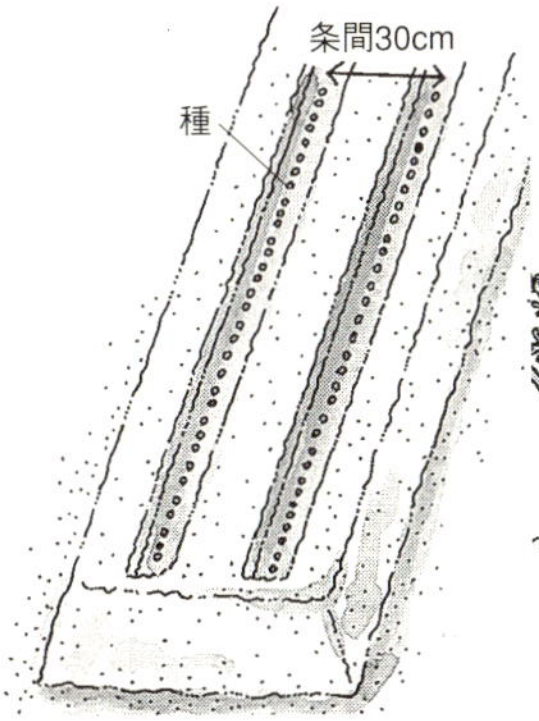


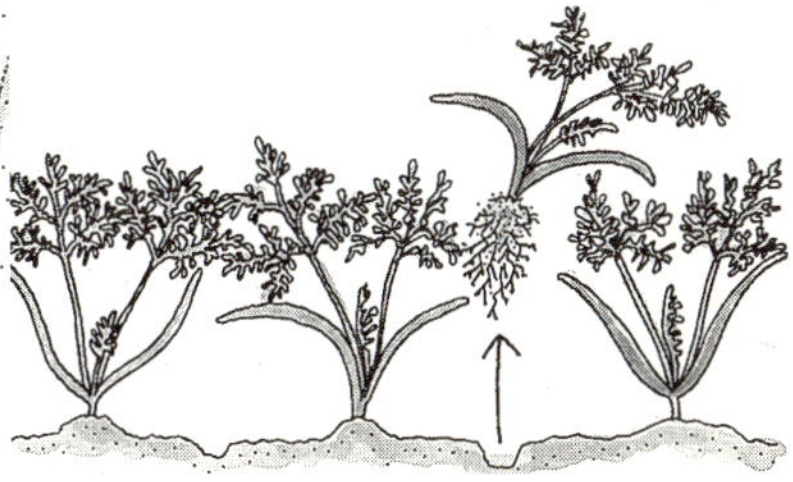

# 大根

## 野菜の王者は、栽培地を選ばない「畑のそば」。

アブラナ科ダイコン属の一年、二年生草本。その原生地については諸説があるが、地中海沿岸という説が有力。日本への伝来も古く、『日本書紀』（七二〇年）に「オオネ」として大根のことが記載されている。

大根は、日本を代表する野菜、野菜の王者です。おそらく江戸時代から、あらゆる野菜のなかでもっとも多く栽培され、また作付け面積も多かったと思われます。好まれる野菜が多様化した現在も、やはり生産量は第一位であり続けています。

原生地は地中海沿岸といわれますが、奈良時代の日本ですでに食用化されていました。今、世界の大根は西洋大根（ラディッシュ）、中国大根、そして日本大根の三つに大別されます。それほど日本になじみ、日本独特に発達してきました。

栽培の歴史が古いだけに、それぞれの地域で独特の品種が生まれてきましたが、都市化とともに、地方

品種が消えつつあります。一九七〇年代の「青首《あおくび》」ブーム以来在来品種の栽培が少なくなっています。青首は、みずみずしくて甘みに富み、全国どこでもつくりやすい品種です。春まき用、秋まき用ともにあります。

## 切り干し大根で 昔の甘さが蘇る

大根は「畑のそば」といわれます。畑土を選ばず、冷涼な気候を好み、つくりやすいからでしょう。永田農法で栽培すると、直根《ちょっこん》のまわりに細根《さいこん》が生えて糖度《とうど》が高くなります。同じ時期に一般栽培したものの糖度が8度だったのに対して、12度を記録しました。太くはなりませんが、果肉《かにく》がきめ細かくて、火の通りが早く、煮崩れしにくいのです。自家栽培では間引きしながら、直根が太る前の根と葉の両方を食べます。切り干し大根にすると、昔の甘さが蘇ります。

### 大根栽培のポイント

**1 季節**

季節ごとに品種があり、通年栽培できるが、冷涼な気候を好むので、盛夏の栽培は暖地ではむずかしい。強いていうと、秋大根（秋まき年内取り）、冬大根（秋まき越冬取り）が旬。寒さが甘さを深くする。

**2 畑づくり**

高畝にし、最高のものを目指すならトンネルかハウス栽培をする。有機物の入っていない土壌で、元肥として液肥を一般の30%まき、その後は適宜追加していく。ふつうは土をよく耕し、石ころなどの障害物を取り除いて、ふかふかにするが、むしろ石ころ混じりの浅い土がよい。根が曲がったり、上に飛び出して、形はぶかっこうになるが、味はよくなる。少ない肥料でつくると、葉が夏大根は黄色、冬大根は紫色になる。濃い緑の葉はよくない。

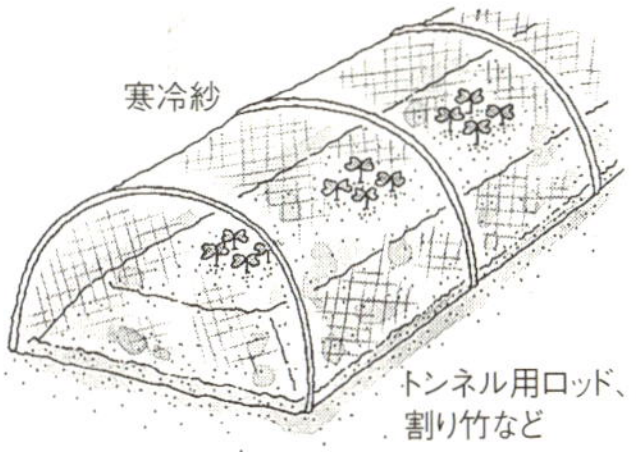


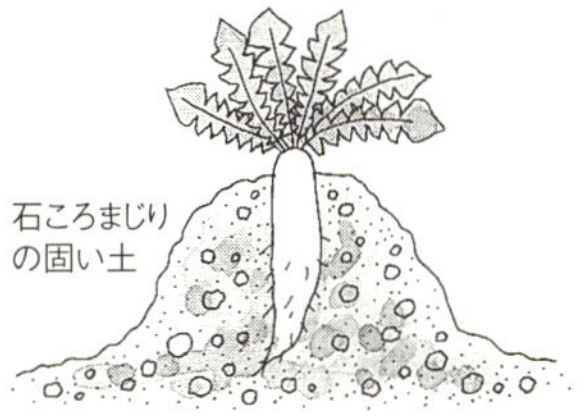


**3 間引きと収穫**

間引きながら間引き菜を食べていく。収穫が遅れると「す」が入る。地上に出ている葉の状態を観察して、収穫のタイミングを逃さないようにする。

# もやし 貝割れ大根

もやしは、植物の名前ではなく、芽やしの意味。米や麦、そばや豆などの種子を発芽させたものすべてを指し、「芽菜」や「萌」といった漢字が当てられる。貝割れは、大根の種を芽吹かせたもの。光を当てて、緑の子葉が出てから食べるところが、他のもやし類とは違っている。

## 芽吹き独特の清涼感を味わう。

もやし、貝割れ大根は、ぜひ、自分でつくってほしいと思う野菜の代表です。実は、私は袋入りで市販されているもやしや貝割れが苦手です。水のいやな臭いに加えて、薬品臭すら感じるからです。それらは保温・保湿を制御した工場で大量に生産されていることが多く、その過程で、薬品が使われることもあるのではないでしょうか。

さて、もやしのなかで、もっとも自家栽培向きな

のは大豆、ソバ、玄米などです。変わったところでは、ブロッコリーなどもおいしく、栄養価が高いのでお勧めです。「貝割れ大根」は、昭和五〇年代に水耕栽培の導入によってブームをよびました。

いずれも、種をまいて五~七日もあれば、食べられます。それを美しい皿に盛るのもいいですが、私は、栽培容器ごと食卓に出し、つまんで食べることをお勧めします。行儀は悪いですが、芽吹きの味を味わうには、「生きたまま」食べるのがいちばんです。

きっと自家製の味と香りに病みつきになるでしょう。

種から発芽し、光に向かってどこまでも伸びようとする幼茎。なぜか、発芽直後は、種の状態のときより、ビタミン、たんぱく質、カルシウムなどが一段と多くなります。

清潔な水を使って、健やかなもやし、貝割れ大根を育てましょう。

## 貝割れ大根栽培のポイント

**1 用意するもの**　貝割れの専用種。砂（2～5mmの大きさの園芸用砂など。清冽な谷川の小礫混じりの粗砂が理想）。栽培容器（底に排水用の穴をあけた豆腐パックなど）。新聞紙。遮光用の箱。1mm目の金網。

●粗砂

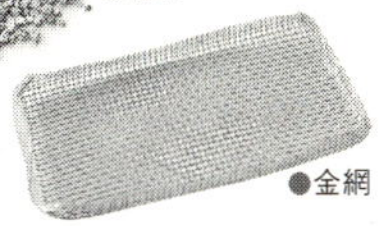

●金網

**2 準備と種まき**　よく洗い、ゴミを除いて煮沸洗浄した砂を、容器に1cm敷き、網をのせる。半日、水に浸した種を密にまく。新聞紙を3～4枚かぶせ、霧吹きで湿らせる。受け皿にのせ、箱をかぶせる。

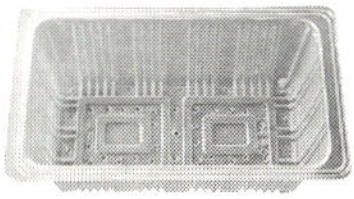

●豆腐パック

**3 水やり**　朝夕、霧吹きで新聞紙を濡らす。発芽後は砂に水を吹く。受け皿にたまった水は必ず捨てる。

**4 光と子葉**　全面的に発芽したら新聞紙を取る。7～8cmに伸び、子葉が開いたら明るいところに出す。葉が鮮やかな緑色に変わり、食べ頃に。

# りんご

## レモン汁なしでアップルパイを作る

日本のりんごの品種構成は特殊である。外国の市場と比べてみると一目瞭然。日本のマーケットには、形がそろっていて見ばえがよく、甘みの深い高品質のりんごがならんでいる。でも、おいしいだろうか。

なかには未熟なうちに収穫し、水をかけて太陽の光にかざして、表面をいわば火傷させて赤くするともあるいう。そんなりんごは香りが青臭い。

りんごも、寒暖の差の大きい最適地で、時間をかけてゆっくりと実を膨らませたものがおいしい。大きく育てるより、小さな実に栄養も糖度も凝縮させたものの美味は深い。永田農法で栽培すると、果肉が緻密なので、切ったときに切り口が盛り上がってくるようなりんごができる。褐変物質の生成が抑えられ、切ったあとも色が変わらない。だから、塩水にさらす必要がない。

| | |
|---|---|
| ●品種と時期 | 早生から晩生まで多くの品種がある。それも甘みの深い品種が多い。貯蔵性も高く、品種によって数週間～数か月、風味を保つことができる。 |
| ●糖度と栄養価 | 昔から「1日1個のりんごで医者いらず」といわれるほど栄養分は豊富。糖度は品種間の差が大きい。 |
| ●食べ方 | 酸味も甘みも深いりんごは、ワインやレモン汁を加えなくてもアップルパイが作れる。<br>ジュースにするときも、甘いだけのりんごは物足りない。 |
| ●見分け方 |  |

持ったときずしりと重い
小さく、香りのよいものがいい
形はすんなり
表面にツヤがある
切ったとき変色しない

# 21世紀の食を考える

## 有機農業と環境汚染

植物を動物が食べ、その死骸《しがい》や排泄物《はいせつぶつ》を微生物が無機物に分解し、それを植物が吸収して有機物を形成し、それを動物が食べる、という具合に、自然の世界ではエコシステムが保たれています。有機農業への信仰にも近い思い入れの根底には、このシステムを守ることが地球環境にも、われわれの健康にもよい影響を与えるという思いがあるようです。確かにこれは正論ですが、実態はどうでしょうか。

厳しくいえば、今行われている有機農業は、家畜の糞尿《ふんにょう》処理のためのごみ捨て場であって、リサイクルとよぶにはほど遠い状況です。家畜たちは、経済合理性のために、濃厚な飼料を与えられ、狭い厩舎《きゅうしゃ》でぶくぶく太らされ、病気を防ぐために抗生物質やホルモン剤、成長促進剤を大量に投与されます。有機農業に使われる堆肥《たいひ》の多くは、このような不健康な家畜たちの糞尿からつくられているのです。

現実には、増え続ける家畜の糞尿処理に、業界の人々は頭を悩ませていました。そこへ、うまい具合にやってきたのが有機農業の大ブームでした。関係者にとっては、まさに渡りに船。その結果、熟成にはほど遠い堆肥が大量に使われ、作物の根を傷め、環境を汚してきたわけです。

堆肥を使うためには、気長に熟成させることがなにより大切。そのためには、少なくとも一年、時には三年ぐらい待つくらいの覚悟が必要でしょう。上の写真のように、那須牧場では堆肥を完熟させていますから、この堆肥からは、いやな臭いがほとんど消えてしまいます。そこまで熟した堆肥を液肥にして少量使うならば、それこそ有機農業の本来の姿といってよいでしょう。

# 世界を救う「バイオガス・システム」

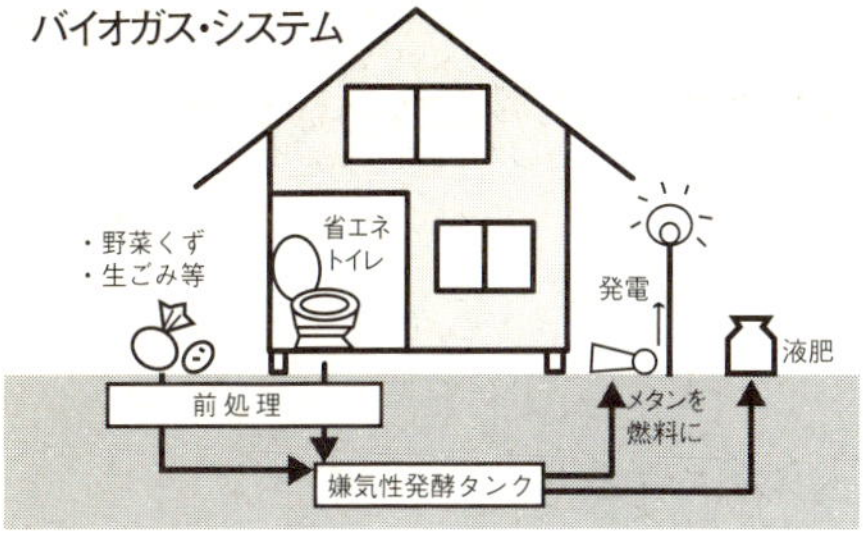

四国、高知県を流れる四万十《しまんと》川といえば、日本一の清流などといわれていた時期もありますが、実は水質が劣化し、地元の方も頭を悩ませていました。高知県から、環境を汚さないシステムを考えてくれないかと、相談を持ちかけられたのは一九九三年のことでした。

調査の結果、水質汚濁の主な原因が、川に流れ込む家畜の糞尿と家庭排水であることをつきとめました。そして考案したのが、発酵タンクの中に家畜の糞尿を集め、そこに生ごみを加えて嫌気性発酵させ、メタンガスとその残留液である液肥に分離するシステムでした。し尿などは、肥料として土の中に入れるとメタンガスを発生させます。そして、このメタンガスは、植物の根を傷めるばかりでなく、炭酸ガスの二〇倍から二五倍もの地球温暖化効果があります。

バイオガス・システムは、このメタンガスを一切外に逃がすことなく、別の装置を使って水蒸気や不要成分を除き、純粋なガスとして利用したり、電気エネルギーに変えることもできます。

この実験モデルを設置した新潟県吉川《よしかわ》町の中村昭一さん（115ページ左写真）宅では、実際に調理用に利用されていますし、浜松市のみかん畑につくったモデル（上写真）では、街灯用にも使用されています。

また、同時に採取できる液肥は最高の品質で、実際にこの液肥を薄めて畑に散布した人たちからの報告では、作物の成長も、その味や香りもこれまでとは大きな違いがあるといいます。まだきっちりとした理論付けは終わっていませんが、この〈有機系の液肥〉には、未知の可能性が秘められているような気がしています。

# 防草シートの効用

除草剤《じょそうざい》の被害についてては、マスコミなどでもかなり報道されてきました。特にパラコートという猛毒の除草剤は、多くのみかん農家が使用していましたが、これを使うと特に疲れがひどく、酒を飲むと悪酔いするという声を聞きました。

実際に、除草剤の使用でガンになったり、流産したり、肝臓を悪くしたといった被害者がたくさんいました。

私は雨水や直射日光から根を守るために、畑には必ずマルチフィルムを敷くことを勧めていますが、これには雑草を防ぐ効果もあるのです。コストもかからず、畑では一石三鳥で利用できます。

また、ここへきて急速に注目されているのが、防草シート（マルチ）です。これは四〇年前に私が考案した不織布《ふしょくふ》の一種なのですが、ようやく実用化され九州のみかん農家などに導入されています（写真）。

このシートは、雑草を防ぐ効果はもちろん、一般のマルチフィルム同様に、根を保護し、土中から毛細管《もうさいかん》現象で適度な水を地表に引き上げる役目も果たします。地表面の温度を上げないために、シートの表面は光を反射させる白色にしてあります。

このシートを一枚敷くだけで、みかんの糖度《とうど》も香りも飛躍的に高くなることは、実際に使っている農家の方々が、口をそろえて保証しています。

シートを敷設するのは作物の実が確実に結果してからで、収獲と同時に回収します。今後は、家庭菜園や市民農園でも、レンタル感覚で利用できるようになるでしょう。

風土と作物

トマト栽培の場合は、「原産地アンデスの環境を再現する」といいましたが、じゃがいもの場合はどうでしょう。これも原産地はペルーですが、私は残念ながらまだ現地を訪れたことはありません。実際に現地を旅し、アンデスのじゃがいもを食べた経験をもつ「野菜探検隊」の池部誠さんによると、かなり美味のようです。現在、永田農法では、ドイツあたりの環境を再現してじゃがいもをつくっているのですが、池部さんは「ドイツのじゃがいもをアンデスの環境で栽培したら、最高級のものができるのではないか」といっています。ぜひ試してみたいアイディアです。

おいしい作物のできる最適地についてさらに条件を考えてみると、なるべく山の上の方で、気温の逆転層になっているところが望ましいのです。ふつう山は上に行けば気温は低くなりますが、逆に下よりも気温が高くなる層を逆転層といいます。逆転層よりも上だと霜が降りて枯れてしまいます。下だと根を傷めて、作物に苦味が出ることが多いのです。また、朝夕に霧が発生するところも、おいしい作物ができます。霧には、作物の味をマイルドにする作用があるようです。同様に、潮風にも作物にいい影響を与える効用があると思います。

たとえば町をあげて私の農法を取り入れている新潟県吉川町は過疎の町ですが、その風土は農業の大きな可能性を秘めています（左写真）。町の西側が日本海から続く平野部、東側が尾神岳《おがみだけ》とその山麓で形成され、風が通り、田んぼにはメダカが泳ぎ（右写真）、良質の米を生む条件を備えていました。その結果、食味値で「魚沼コシヒカリ」をしのぐ米をつくるまでになっています。このように、風土を見極めることも、大切なのです。

# 緑信仰への危惧

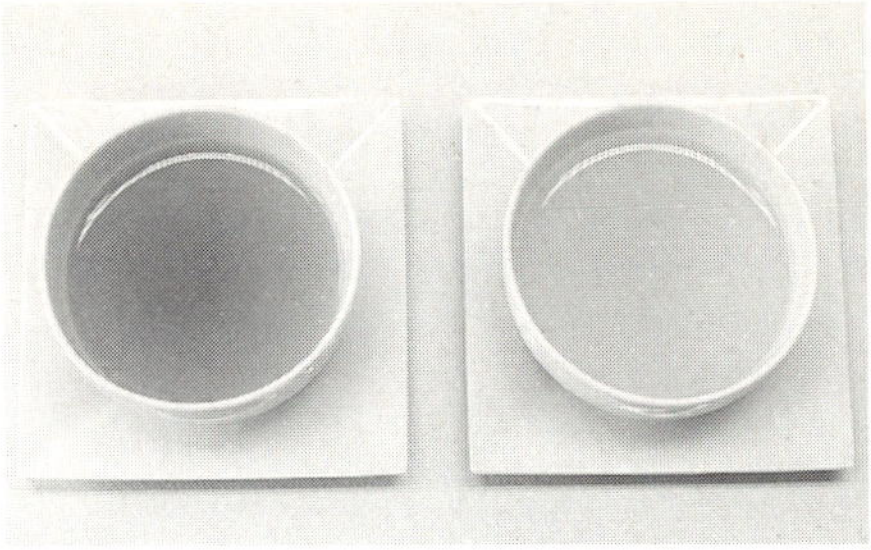

二〇〇〇年一二月二八日の朝日新聞夕刊に「新世紀の野菜は『低濃度の硝酸塩《しょうさんえん》』」という記事が載っていました。硝酸塩（$NO_3$）とは、硝酸態窒素《ちっそ》、硝酸性窒素などともよばれています。この硝酸塩は、体内で亜硝酸塩に還元されることがあり、これが魚や肉類に含まれるアミン類と結合すると、発ガン性物質であるニトロソ化合物の生成にかかわることが指摘されています（世界保健機構＝WHO）。

ヨーロッパなどでは、以前から危険性を考慮して基準値が設定されていましたが、日本では野放し状態でした。WHOの定める基準量は、一日二〇〇ミリグラム以下。しかし、この記事で例としてあげられているほうれん草は、一〇〇グラムあたり九七〇ミリグラムの硝酸塩を含んでいるとされています。日本人一人あたりの摂取量は平均で三〇〇ミリグラムを超えています。

私は、二〇年以上も前からこの危険性を指摘してきました。硝酸塩は、野菜や植物の葉の色となって出てきます。たとえば深緑色のお茶の葉、ポパイのほうれん草のように、青物野菜も緑が濃いほど健康にいいと信じられてきました。

ところが、あのお茶の葉の緑色こそ、硝酸態窒素の色なのです。昔の茶畑を知っている人ならば覚えているでしょうが、本来のお茶の葉は山吹《やまぶき》色なのです。この原因は、油粕《あぶらかす》などの有機肥料、窒素肥料の多用にあります。すでに、硝酸態窒素を多く含む食べ物を口にした赤ちゃんが酸素欠乏を起こして、真っ黒な皮膚になって亡くなる「ブルーベビー」という悲劇も起こっています。

緑の茶畑は悪夢なのです。安全意識を高めて、本物を見分ける目を養ってください。

# 糖尿病を治す果物

私の友人に外園久芳先生という医師がいます。糖尿病治療に力を注ぐ先生は、「生きたものを食べる」ことによって病んだ身体を治すことを目的に、条件に合った野菜や果物を探していました。その外園先生から連絡をいただいたのは、一九八三年五月九日の朝日新聞朝刊に掲載された「高ビタミン野菜に挑戦」というレポートを読んでくださったことがきっかけでした。先生はその後、私たちがつくった野菜・果物を食べることで糖尿病を治す「野菜果物療法」を生み出したのです。治療に役立ってきたのは、みかん、りんご、スイカ、メロン、ブドウ、パイナップル、さらにはサトウキビジュース。いずれも完熟もので、糖度も高いのです。ふつうの医者なら考えられないことでしょうが、カロリー制限も、運動もせずにはっきりと患者の血糖値が下がっているのです。

なぜこんな効果が出たのかと考えると、糖の内容が違うというしかありません。本物の果物には、大地と気候という大自然の恵み、栄養素がびっしり詰まっていて、文字通り生きているのです。

外園先生は患者さんに「食生活五原則」を書いた紙を渡し、「あとは自分の身体と相談して好きなだけ食べなさい」というだけ。それで実際に血糖値が下がるのですから、すごいことです。食生活五原則の内容は、バナナを主軸に、その季節ごとに入手可能な果物、生野菜、刺身を組み合わせて好きなだけ食べる。これらは、すべて生きた食品だから無制限でよいのです。ただし、ご飯やパン、麺《めん》類は加工品で、いわば死んだ食品。これらは少なければ少ないほどよいことになります（詳しくは外園先生と私の共著『フルーツ・クリニック』葦書房刊をご参照ください）。

# 市民農園の時代

農業従事者の人口が激減し、一五年後には日本の農民一人あたりの占有農地面積は単純計算で三〇〇ヘクタールになります。この数字は、アメリカのそれを追い越してしまいます。おそらく農業をやりたい人が自由に農地を買ったり借りたりできる時代が近いうちにやってくるでしょう。

日本でもすでに市民農園は相当の数にのぼっています。ところが、そのほとんどは小規模でせいぜい自家消費の野菜をつくる程度の規模でしかありません。私が構想しているのは、一区画一〇〇〇坪程度の大規模なヨーロッパ型のクライン・ガルテンなのです（写真）。

実際に現実的プランとして、福島県新地《しんち》町で進めている計画の青写真は以下のようなものです。新地町ではすでに、グリーン・ファームという法人組織によって、大型温室のトマト栽培が行われています。その第二期プロジェクトのなかに、クライン・ガルテンを組み込もうというものです。中心には大型温室があり、残りを市民農園として、希望者に貸す形です。広さは一区画一〇〇〇坪。借地料は年間で四万円から五万円程度を想定しています。オーナーは好きなものを自由につくり、希望があればグリーン・ファームのメンバーがアドバイスしたり、大型機械による耕作を手伝うことも考えられています。

クライン・ガルテンの本家本元であるドイツでは、市民農園で生産される農産物の総量は、ドイツ全体の農業生産量の三分の一強を占めています。

この夢が実現すれば、日本の難問である食糧問題は一気に好転することになります。政府には一刻もはやく、農地の流動化を進めてほしいものです。

# 卵アレルギー

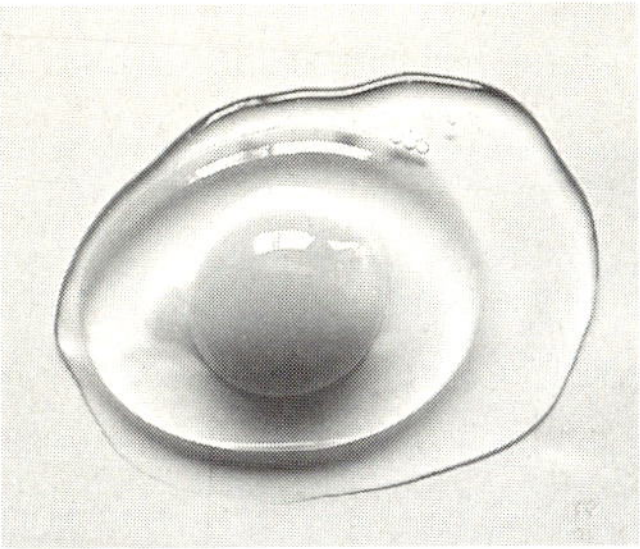

今、若いお母さんたちは乳幼児に、鶏卵を食べさせない方が多いようです。アトピーなどアレルギー反応を心配されての対応でしょうが、確かに市販されている鶏卵の多くは、そういった心配が必要なようです。

かつて伊豆大島の小学校で、子どもたちが集団ゼンソクにかかり騒動になったことがありました。一一七ページで紹介した外園先生が調査したところ、原因は学校給食の鶏卵とわかり、止めたとたん全員が治ってしまったといいます。

私は、高知県窪川《くぼかわ》町の養鶏家、佐々木貞寿さんと共同で、新しい飼料による安全な鶏卵生産の実験に取り組んできました。それまでに、スウェーデンのダニエルソン教授ご夫妻から、鶏卵アレルギーの原因になっているのは、鶏の飼料に混合されている魚粉であることを知らされていました。この魚粉の原料になっているのは、中南米の海域で水揚げされる質の悪いアンチョビです。

まずは飼料をすべて植物性のものに変えてみましたが、殻《から》の強度に問題が出てうまくいきません。やっと問題をクリアしたと思ったときに、今度は殻につく糞の臭いが気になりました。そこで考えついたのがお茶の葉の粉末を、飼料に混ぜること。結果は予想以上でした。脱臭効果に加えて殺菌効果。さらに卵そのものにもお茶の効力が出ました。黄身には弾力があり(写真)、市販の鶏卵のもつ生臭い臭いもすっかり消えました。こうして、この鶏卵生産法は「ベジタブル・エッグ」という名称で世界特許を取得しました。

今、さまざまな工夫をこらした鶏卵が出回っていますが、アレルギーや生臭さを気にする方は、飼料に魚粉を含まない鶏卵を選ぶことをお勧めします。

# 植物性飼料の牛

二〇〇一年の夏、日本でも狂牛病の牛が発見されて、大きな騒ぎになっています。感染ルートは肉骨粉《にくこっぷん》とされていますが、根本の原因は、本来は草食動物の牛に、動物性の飼料、それも同じ種である牛を与えたことにあるといえましょう。

私が数年前から飼育に協力している那須高原のりんどう湖ファミリー牧場では、一九七八年の牧場発足当初から、ジャージー種だけを飼育しています（写真）。英国王室のために改良されたジャージー牛は、ホルスタインに比べると身体も一回り小さく、搾乳量もはるかに劣ります。しかし、牛乳は良質。

ホルスタインは搾乳量を増やそうと、濃厚飼料とよばれる動物性たんぱくを含むエサを与えられることが少なくありません。しかし、この那須牧場のジャージー牛には、牧草と遺伝子組み換え作物を含まない安全なとうもろこしや大豆などの穀物、それにお茶の葉からつくったパウダーだけを与えています。

乳牛の体質改善は緩やかに進みました。一般のジャージー牛乳は脂肪分が多いのですが、顕微鏡でみると脂肪球の形がそろい、小さく変わったのです。ホモゲナイズというのは圧縮して脂肪球をつぶし、全体を均質化するための作業ですが、この牧場からは「ノンホモ」の牛乳も出荷されているほどになっています。

変化は色にも味にも現れています。ジャージー牛の牛乳はクリーム色なのですが、ここの牛乳は真っ白になり、甘みとこくがあるのにさわやかな味に変わりました。安全性だけでなく、おいしさという側面でも、安全な植物性飼料だけを与えることは、重要なのだといえましょう。

# 鉢で栽培する

# 永田農法による鉢植え栽培

最近は自宅の庭やベランダで鉢やプランターを使って野菜や果物を栽培し、料理に使う方が増えているようです。ふだん私たちが口にしている食材の多くは、収獲してから時間がたった、いわば〈死んだ〉食材が多いのですが、たとえ一品でも生きた食材を摂ることができれば、身体には大きな恵みになります。採りたての果物や野菜がおいしく感じられるのは、生きた食材を身体が求めているということなのです。

ですからこのような関心が高まることは、すばらしいことだと思います。朝食のサラダに、もぎたてのミニトマトやレタスが加わるだけで、栄養価は一気に高まります。特に乳幼児や、老人のいらっしゃる家庭では、このような心がけが大切です。

さて、それではどのような食材を、どのように栽培したらよいのでしょうか。園芸用品を扱う店では、さまざまな器材や土、肥料などが販売されています。そのような店で店員の方に聞いて勧められるままにやってみても、それなりの結果は出るでしょう。

ただ、「永田農法を知る」に記したように、私の栽培方法は、ふつう行われているそれとは、全く発想が異なります。水分と肥料を極力抑えて、植物が本来もっている生き物としての力を引き出す。この原則は、鉢植えやプランターの栽培でも変わりありません。

私はこれまで数にして三〇万を超える鉢植えを育ててきた結果、もっとも易しく、効率的でなおかつおいしい野菜、果物を栽培する方法にたどり着きました。一般の指導書に書かれている内容とはかなり違いますが、長年の経験から自信をもって紹介できる栽培方法です。

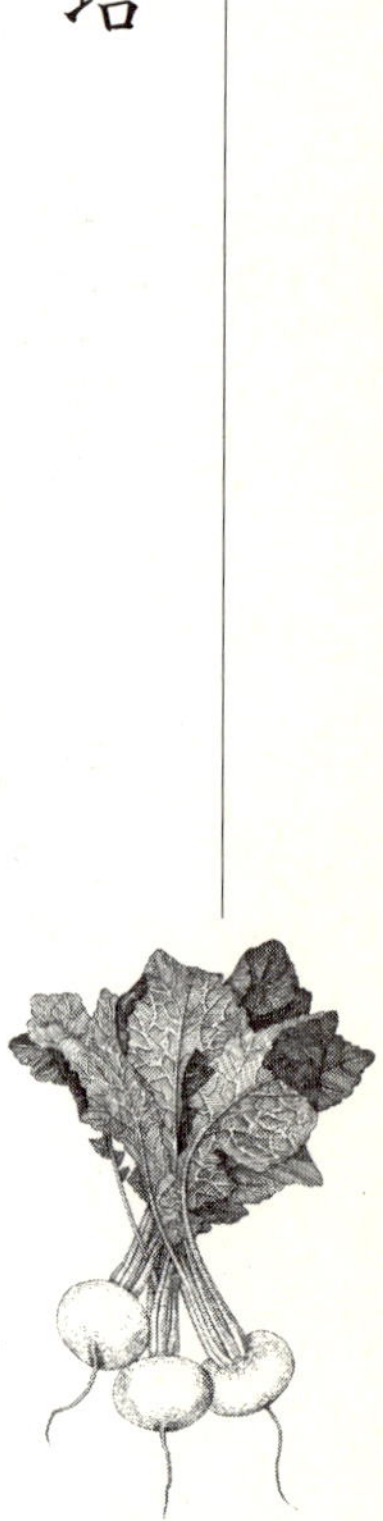

## 1 鉢、プランターを選ぶ

鉢もプランターもいろいろな大きさがありますが、私の経験では根の広がりが直径10cm、深さ10cmを超えても全く意味がないことがわかっています。それどころか、根が育ちすぎるといわゆる＜根巻き＞現象を起こしてしまい、百害あって一利なし。

ですから鉢は直径10cm程度、深さは12～13cmの小ぶりのものを、プランターならば、1本の苗のスペースが10cm四方、深さも10cmの用土に見合った大きさのものを選びます。

大根のように大きくなる作物でも、大きくなれば土の上に頭が出るだけですから、問題ありません。

## 2 栽培用土の選び方

大きさの異なる4種類の礫を用意

鉢植えには、鹿沼土、赤玉土などの天然土やパーミキュライトなどの人工土が用いられています。鉢やプランター栽培の用土の条件として、よく保水性、排水性、通気性の高い団粒構造の土が望ましいといわれます。これは、私の栽培法でも共通します。土中に水がたまってしまえば、根に悪影響が出ます。

一般にはいろいろな用土をブレンドして栽培用土としているようですが、私は礫の使用を勧めています。礫とは、直径2mm以上の土、岩石をいいますが、園芸店で、通気性がよく保水性がよい礫状の用土を求めてください。

たとえば、珪藻土などには連続気泡とよばれる小さな孔が多数あり、そこに少量の水分が残るため、好適です。

そして可能な限り、粒の大きさの異なる4種類程度の礫を準備してください。

## 3 植えつけの基本

①苗の根をよく水洗いし、土を洗い落としたあと、根の付け根から2～3cm程度を残して、ハサミで切り落とします。一般の園芸常識からは考えられないことでしょうが、これがいい根を育てる秘訣です。

②容器の底の穴を水が通るように塞ぎます。

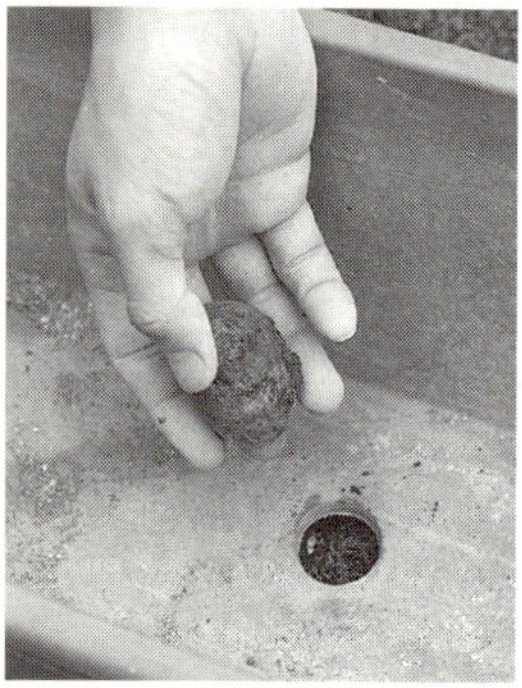

③いちばん粒の大きな礫を、深さにして2～2.5cmくらい入れます。

④同じように、粒の大きな順に礫を入れていきます。
⑤いちばん小さな粒の礫を入れるとき、苗を植えつけます。
⑥水やりのあと、市販の液肥を1000分の1くらいに薄めて、少量散布します。
⑦肥料は基本的にこれで終わりです。ただ、何度も収獲したい場合は、その都度液肥を少量散布してください。
その他の肥料は一切不要です。
⑧水やりは作物が枯れない程度に極力控えめにしてください。水のやりすぎがもっともいけません。
⑨雨水がかからないよう、工夫してください。

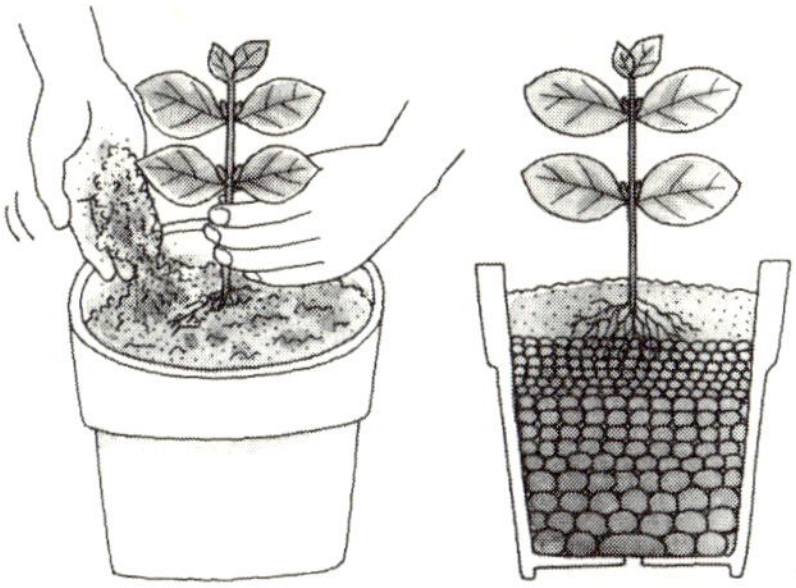

## 4 苗を選ぶ

種から栽培して苗を育てるのは、かなりむずかしい作業になりますので、一般の方は、苗を購入して栽培することから始めるのがよいでしょう。

苗を選ぶポイントは、まず大きすぎず小さすぎず、中くらいの大きさのものをえらぶことです。次に、葉と根を見比べて、葉の数に比べて、根が多い苗をえらびましょう。「永田農法を知る」で書いたように、作物の生命はいかにいい根をつくるかにあります。

# 作付けの年間スケジュール

## 実を食べる作物

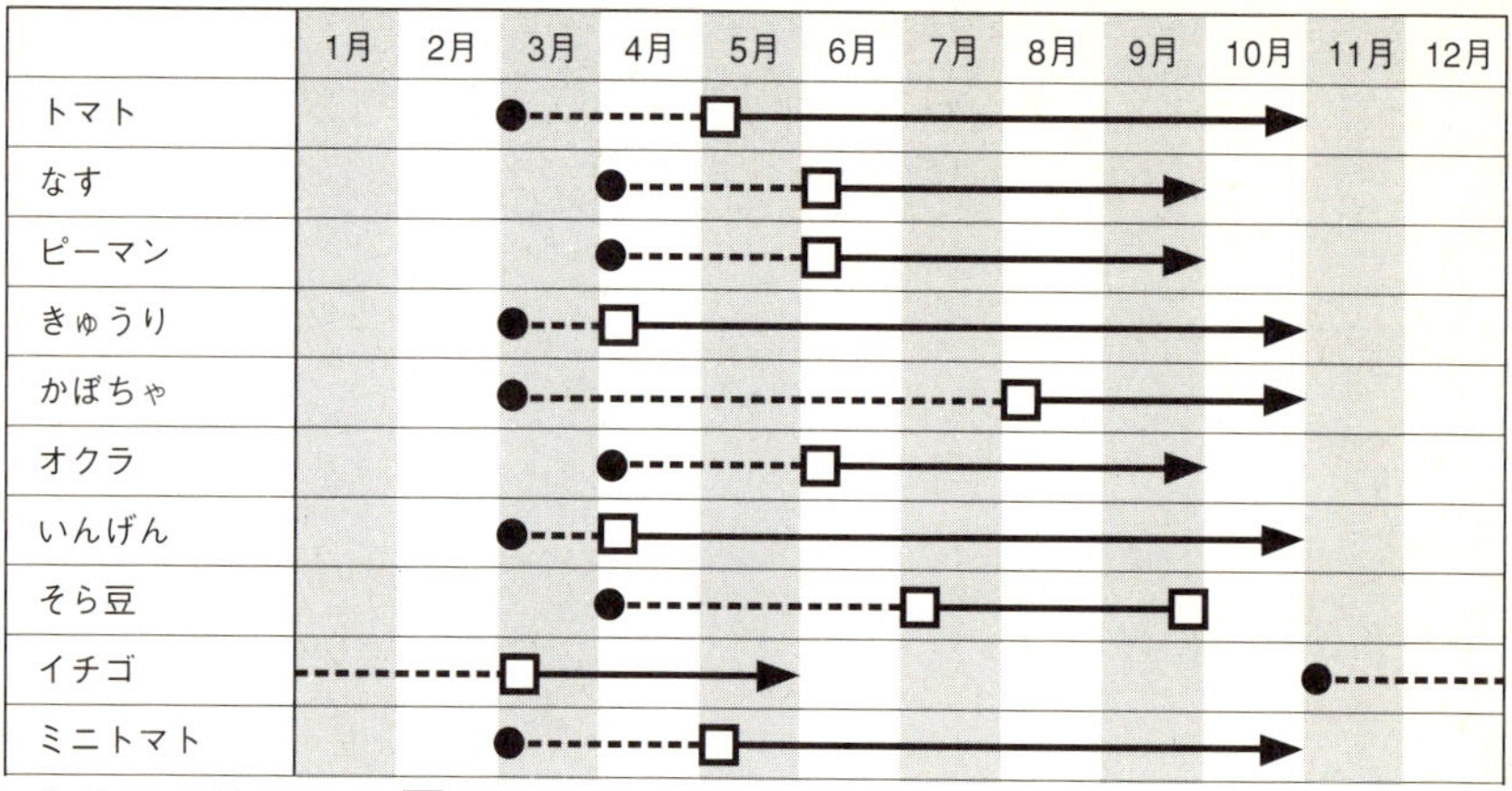
1月
2月
3月
4月
5月
6月
7月
8月
9月
10月
11月
12月
トマト
なす
ピーマン
きゅうり
かぼちゃ
オクラ
いんげん
そら豆
イチゴ
ミニトマト

●種まき・植えつけ　□収穫

## 葉や根などを食べる作物

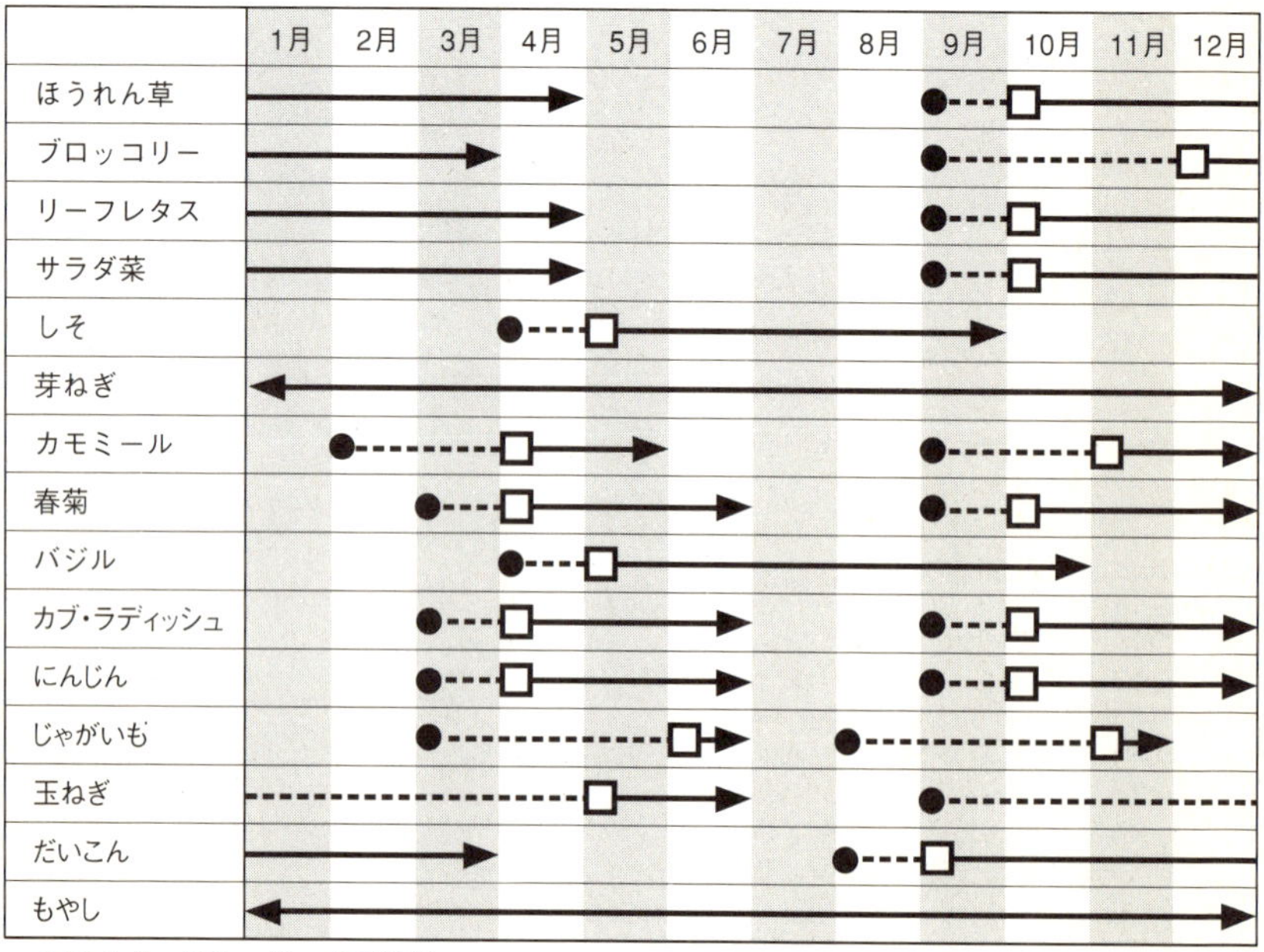
1月
2月
3月
4月
5月
6月
7月
8月
9月
10月
11月
12月
ほうれん草
ブロッコリー
リーフレタス
サラダ菜
しそ
芽ねぎ
カモミール
春菊
バジル
カブ・ラディッシュ
にんじん
じゃがいも
玉ねぎ
だいこん
もやし

●種まき・植えつけ　□収穫

## 本書執筆・編集スタッフ

著　者　永田照喜治
企　画　岡田三男
構　成　高橋由美
　　　　飯田辰彦
アートディレクション　岡田三男
デザイン　小谷田初恵
　　　　豊泉和哉
　　　　伊藤優子
撮　影　岡田三男
　　　　山辺章史
　　　　守谷公一
写真協力　池部 誠
　　　　中岡邦夫
　　　　世良武史
イラストレーション　佐藤道子
　　　　矢田加代子
編　集　秦野篤行

## 本書にご協力いただいた方々（敬称略）

### 永田農法の実践・協力者

北海道士別市　岡田正悟
北海道新十津川町　広田幸夫・康吉
北海道江別市　佐藤哲男
北海道余市町　安芸慎一
北海道余市町　中野　勇
岩手県久慈市　JAいわてくじ 清水頭初雄
岩手県久慈市　宇名沢次男・玲子
岩手県久慈市　西野市太郎・カツ子
福島県新地町　新地グリーンファーム 高橋良行
新潟県吉川町　JAえちご上越
新潟県吉川町　株式会社よしかわ杜氏の郷 山本秀一
新潟県吉川町　中村昭一
栃木県那須町　那須興業株式会社 川崎庚生
静岡県藤枝市　村松祥恵
愛知県渥美町　小久保敏広
高知県高知市　ハートアンドハート株式会社 永野雄一
高知県池川町　筒井征完
高知県窪川町　佐々木貞寿
宮崎県日向市　宮崎緑健株式会社 中島寛一
宮崎県宮崎市　佐藤康彦
宮崎県日向市　黒木八徳
宮崎県日向市　奈須安雄
熊本県天水市　田中浩幸

### 永田農法の研究・協力者

医学博士　外園久芳
前国立栄養研究所　加賀綾子
「フランス料理今井」今井克宏
　〒437-0204　静岡県周智郡森町問詰1115-1
　☎0538-85-1178
株式会社　りょくけん

なお、本書の内容について著者にご質問がある場合は、下記あてにメールにてお寄せ下さい。

永田農業研究所　http://www.nagata-nouken.com

---

本書で紹介した永田農法による野菜・果物やその他の食品類については、下記の各所でお問い合わせや購入希望に対応しています。

●株式会社　健菜
〒151-0061　東京都渋谷区初台1-47-1　小田急西新宿ビル内　0120-201-371（平日10：00〜17：00）
※会員制の「永田農法健菜倶楽部」に加入すれば、宅配で、毎週もしくは隔週単位でのお取寄せもできます。
※下記店舗では、健菜コーナーにて販売しております。
　◆ザ・ガーデンシブヤ西武
　〒150-8330　東京都渋谷区宇田川町21-1　シブヤ西武Ｂ館B1F　☎03-3462-3740
　◆ザ・ガーデン自由が丘　「自由が丘店」
　〒152-1135　東京都目黒区自由が丘2-23-1　☎03-3718-6481〜3
　◆ザ・ガーデン自由が丘「白金台店」
　〒108-0071　東京都港区白金台3-16-8　☎03-3445-7311
　◆ザ・ガーデン自由が丘「成城店」
　〒157-0066　東京都世田谷区成城8-18-1　☎03-3789-6811

**永田照喜治**
株式会社 永田農業研究所 代表取締役
株式会社 健菜 代表取締役会長
1926年熊本県天草生まれ。神戸大学経済学部卒業後天草に戻り、農業に従事。砂栽培に独自の工夫を加え、「断食農法」「スパルタ農法」と呼ばれる農法を考案。世界的な農業指導者として、日本全国はもちろん、台湾、フランス、中国など海外諸国でも活動している。

---

永田農法
# おいしさの育て方

2002年2月20日　初版第1刷発行
2002年4月10日　初版第2刷発行

著　者／永田照喜治
発行者／山本　章
発行所／小学館
〒101-8001　東京都千代田区一ツ橋2-3-1
編集　☎ 03-3230-5719
制作　☎ 03-3230-5333
販売　☎ 03-3230-5739
振替　00180-1-200
印　刷／共同印刷株式会社

造本には十分注意しておりますが、万一、乱丁、落丁などの不良品がありましたら、「制作局」あてにお送りください。送料当社負担にてお取り替えいたします。



ISBN 4-09-386080-7